Johannes Gutmann / Peter Gnaiger

GUT GEHT ANDERS

Johannes Gutmann
Peter Gnaiger

GUT
GEHT ANDERS

Ein einfaches Lebenskonzept
zum Erfolg

ecoWIN

Johannes Gutmann / Peter Gnaiger
Gut geht anders
Ein einfaches Lebenskonzept zum Erfolg

Das für dieses Buch verwendete FSC®-zertifizierte Papier
EOS lieferte Salzer, St. Pölten.

1. Auflage
© 2013 Ecowin Verlag, Salzburg
Lektorat: Dr. Arnold Klaffenböck
Porträtfoto Peter Gnaiger: © Robert Ratzer
Gesamtherstellung: www.theiss.at
Gesetzt aus der Sabon
Printed in Austria
ISBN 978-3-7110-0038-5

1 2 3 4 5 6 7 8 / 15 14 13

www.ecowin.at

Wir brauchen keine anderen Welten –
wir brauchen Spiegel.

Stanisław Lem

Inhaltsverzeichnis

Das Herz im Keller

Aufgewacht. So wie jeden Tag. Heute melden die Morgennachrichten: ThyssenKrupp gibt einen Verlust von fünf Milliarden Euro für das vergangene Geschäftsjahr bekannt. Das Management soll ausgetauscht werden, heißt es. Das alte hätte es verbockt, verzockt – vergeigt eben.

Nächste Meldung: Die Regierung des als unverwundbar, reich, fett und barock geltenden österreichischen Bundeslands Salzburg droht nach Spekulationen mit Derivaten zu zerbrechen. Das Land stöhnt unter einer Last von Verbindlichkeiten in der Höhe von 340 Millionen Euro. Laut Buchwert. Mehr wisse man noch nicht.

Nächste Meldung: Die Landesbediensteten haben demonstriert. Sie wollen mehr Geld. Tausende waren auf der Straße. Sogar Primarärzte vom Landeskrankenhaus machten mit Trillerpfeifen und Megaphonen auf ihre schlechten Arbeitsbedingungen und ihre unverhältnismäßige, geringe Entlohnung aufmerksam.

Was ist das für eine Zeit? In der Beamte demonstrieren und die Studenten daheim vor ihrem Computer sitzend „Gefällt mir" klicken?

Studenten haben dafür vorige Woche auf Facebook mit einem Flashmob vor der Zentrale von Unilever gedroht – immerhin. Die trauen sich was. Sie fordern den Konzern auf, das Nostalgie-Eis „Cheesy" wieder auf den Markt zu bringen. Kein Scherz. Der coole Lutscher war lustig, keine Frage. Geschmacklich zwar eine Katastrophe und vollgepumpt mit künstlichen Aromen. Aber wie gesagt: Hauptsache lustig. Ist eh alles so traurig da draußen. Warum kann man auf Facebook eigentlich immer nur „Gefällt mir" und nie „Schleicht euch" klicken?

Immer noch Morgennachrichten: Opel beschließt, die Produktion am Standort Bochum stillzulegen. 3665 Mitarbeiter verlieren 2014 ihren Job. Also noch mal: Das sind dreitausendsechshundertfünfundsechzig Menschen. Die Zulieferbetriebe sind da nicht mal eingerechnet. Die haben alle Familie, denke ich mir. Diese Meldung dürfte die Existenz von etwa 20.000 Menschen bedrohen. Menschen! So viele Schicksale. So viele Leben. Der deutsche Bundeswirtschaftsminister Philipp Rösler wirft dem Management von General Motors „Misswirtschaft" vor. Wow! Da hat er sich mächtig weit aus dem Fenster gelehnt. Da werden sie aber Augen machen – in Detroit.

Letzte Meldung: In Mali ist die Regierung zurückgetreten. Okay. Eigentlich wurde sie zurückgetreten, ist später zu erfahren. Vom Militär. Wie es in Mali weitergeht, ist noch nicht bekannt. Aber es regiert eben irgendjemand anders kurz weiter. Irgendwie – in Mali – bis irgendwann.

Es stört sich keiner mehr an solchen Nachrichten. Ich sowieso nicht. Ich bin Journalist. Ich sitze an der Quelle. Ich kenne sie zur Genüge: die schlechten Nachrichten. Es wird irgendwie weitergehen, sagen die Leute dann immer. Da haben sie recht. So ist das in diesem System vorgesehen. Läuft etwas schief, dann werden eben Menschen ausgetauscht. Aussortiert wie faules Obst. Das System wird selten infrage gestellt. Und wer das tut, der wird als Spinner klassifiziert. In unserem System.

Es ist fast ein halbes Jahr vergangen, als mein Verleger mit einer Idee zu einem Buch angeklopft hat. Es sollte von Johannes Gutmann handeln. Der wurde 2011 in Österreich zum „Unternehmer des Jahres" gekürt. Ich war skeptisch. Ein Buch über einen erfolgreichen Unternehmer? Das klingt immer nach PR für eine Firma. Das wollte ich nicht tun. Aber der Grundgedanke machte mich neugierig. Mein Verleger erzählte mir etwas von einem „Laborexperiment auf einer grünen Wiese". Und über einen Kapitalismus, der angezählt ist.

Ich habe mich in der Bio-Szene über Gutmann ein bisschen schlaugemacht. Auch in Bankkreisen. Gutmann hält eigentlich jeder noch für einen Spinner. Für einen außergewöhnlich hartnäckigen Spinner sogar. Und trotzdem hofieren ihn plötzlich so viele. Andere Unternehmen beginnen bereits, sein Erfolgsmodell teilweise zu kopieren. Warum? Weil sie sich von Gutmann eine Lösung versprechen? Warum wächst seine Firma ständig? Warum schauen seine Mitarbeiter so verdächtig zufrieden mit sich und ihrer Welt drein? Sehr komisch – das alles. Aber wie gesagt: erfolgreich.

Höchstwahrscheinlich sehen diese kopierwilligen Unternehmer in Gutmann eine Art Leuchtturm. Vielleicht aber auch nur einen Hoffnungsschimmer, ein Trostpflaster oder auch bloß ein Feigenblättchen – für ein System, das nicht mehr zu retten ist. Was die Kapitäne dieser untergehenden Schiffe jetzt imitieren? Markttaugliche Botschaften wie „Nachhaltigkeit", „biologisch" und „genussvoll" – so etwas gefällt immer. Und was gefällt, das muss doch auch noch zu Geld gemacht werden können. Kurz: Sie wollen ein Produkt kopieren, diese Unternehmer. Aber das funktioniert nicht. Denn bei den Produkten von Gutmann steckt mehr dahinter. Nämlich die Art der Produktion. Menschen stecken auch dahinter – bis ganz zu Ende gedacht, steckt eigentlich nur ein Mensch dahinter: Das ist Johannes Gutmann. Dieser Spinner. Den kann man nicht kopieren. Den kann man nur kapieren.

Gutmann ließ sich auch schon mal für die Kampagne einer Bank einspannen. Der Slogan lautete: „Vom Spinner zum Winner". Aber damit war die Grenze für ihn auch schon erreicht. Eine andere Bank hat ihm etwa angeboten, eine Art Bauernladen mit seinen Produkten in allen Filialen des Bankkonzerns einzurichten. Gutmann betätigte den „Schleicht euch"-Button – im echten Leben. So von Angesicht zu Angesicht. „Ich bin kein Mäntelchen und schon gar kein Feigenblatt", hat er dem Bankmanager ausgerichtet. Punkt. Aus. Basta.

Auf Gutmann wurde die Bank natürlich auch erst als Werbeträger aufmerksam, nachdem er mit seiner Firma in aller Abgeschiedenheit des Waldviertels schon mehr als 20 Millionen Euro Umsatz im Jahr erzielte und mehr als 100 Menschen Arbeit, also eine Existenz bieten konnte. Heute macht er bereits 24 Millionen Euro Umsatz im Jahr – und beschäftigt 170 Menschen. Glückliche Menschen noch dazu. Erzählt man sich. Das hat er außerhalb des Systems geschafft.

Und ganz richtig war der Slogan „Vom Spinner zum Winner" ja auch nicht. „Spinner?" Okay. Damit hat er kein Problem. Der will er auch bleiben. Denn „Normale" gibt es schon viel zu viele im System. Mehr noch: Die Normalen sind das System. Aber eines muss bei dem Slogan eindeutig in Abrede gestellt werden: Gutmann fühlt sich nicht als Gewinner – oder Winner –, wie die Werbung sagt. Weil das ja alles kein Spiel war, das er vor mehr als 25 Jahren gestartet hat, sondern Arbeit. Und Freude war es auch. Das schon. Aber ein Spieler war er nie. Die sitzen anderswo.

Heute, an diesem Dezembermorgen, sitzen etwa ein paar von ihnen in Salzburg, wo sich ein Politiker und andere Systemerhalter hinter einer jungen Dame aus dem Innviertel verstecken. Von dieser Dame, der die Schuld für all die Schiebereien auf dem Finanzmarkt zugeschrieben wurde, schrieb eine Zeitung, sie sei ein Bauernmädel. Weil sie auf einem Bauernhof im tiefsten Innviertel aufgewachsen ist.

Was für ein Bild! Ein paar eitle Politiker und stolzierende Sektions- und Referatschefs werden von einem Bauernmädel der Lächerlichkeit und vor allem der Unfähigkeit preisgegeben. „Sie war uns allen überlegen", hat ihr Vorgesetzter einer Zeitung gesagt. Auf die Idee, dass eine von ihm als „überlegen" gepriesene Frau eigentlich auf seinem Posten sitzen sollte, kam er leider nicht. War ja nur ein Bauernmädel. War ja nur überlegen. Aber immerhin: Das Land schlug zurück. Könnte man sagen.

Die anderen Spieler sind heute nach den Morgennachrichten in Detroit auszumachen. Sogar in Mali haben heute ein paar Uniformierte Revolution gespielt. Aber im Waldviertel denkt der Besucher selten an einen spielerischen Alltag und schon gar nicht an Revolution, wenn er die dünn besiedelte Region im tiefen Norden Niederösterreichs besucht. Hier nehmen die Dinge ihren natürlichen Lauf. Das taten sie schon immer. Weil die Region eine dieser vom System vergessenen Landschaften ist. Landschaften? Das ist ein schönes Wort, denke ich mir jetzt. Da ist ein Land, das schafft wieder mal etwas.

Das Innviertel ist auch so eine vergessene Region. Der Lungau im Salzburger Land sowieso. In Deutschland vielleicht Niederbayern. In der Südoststeiermark das Vulkanland, in Frankreich die Bretagne, in Spanien die Extremadura und das

Baskenland. In Italien? Apulien vielleicht – Sizilien nicht: Diese Mafia-Insel hat auffällig viele Ähnlichkeiten mit dem System. Vielleicht ist sie sogar die Mutter des Systems. Man weiß es nicht so genau. Aber man hat so eine Ahnung. All diese Regionen, die vom System in den vergangenen Jahrzehnten links liegen gelassen wurden, bringen heute interessante Persönlichkeiten hervor. Freigeister sogar. Warum? Nicht, weil die Menschen dort anders wurden, sie sind bloß frei in ihrem Denken geblieben.

Gutmann wurde auch vom System vergessen. Und als das System auf ihn zukam, da ging er ihm aus dem Weg. Gutmann bog einfach ab. Er begriff seine Ablehnung ja nicht mal als Chance. Er wollte sich nur weiter in den Spiegel schauen können, ohne sich zu schämen. „Früher haben die Leute in den Städten oft gesagt, dass wir Waldviertler eben noch nicht so weit vorn sind wie die anderen", hat er mal erzählt. Denen habe er dann immer geantwortet: „Super. Danke. Dann haben wir auch nicht so weit zurück."

Vor 25 Jahren hat Gutmann also ganz unaufgeregt und ohne unlautere Absichten einen Kreislauf in Gang gesetzt. Er tat das ganz allein und fern von allen Fegefeuern der Eitelkeiten, die das System für Manager und Führungskräfte bereithält. Etwa die Einladung einer noblen Automarke, die ihnen verspricht, mit einem allradgetriebenen Fahrzeug über den Gletscher auf dem Kitzsteinhorn zu rutschen. Oder die Einladung eines Mobilfunk-Konzerns, in einem Gourmettempel Jakobsmuscheln an der Seite mit explodierenden Ribiselkugeln zu lutschen. Sicher: Auch so etwas gefällt. Damit kann man im Freundeskreis prahlen. Von diesen Events kann man auch Fotos auf Facebook stellen und täglich nachschauen, wie viele schon „Gefällt mir" geklickt haben. Die echten und virtuellen

Freunde werden sich dann auch um solche Einladungen bemühen. Indem sie brav weiterarbeiten, stolz weiter einkaufen und treu weiter funktionieren. In der Hoffnung, weiterzukommen. Man muss diesen braven, stolzen und treuen Menschen nur weiter einflüstern, dass sich in ihrem Hamsterrad eine ganz, ganz steile Karriereleiter befindet.

Die Lösung, die wir Ihnen ans Herz legen wollen, heißt: Lassen Sie Ihre Freude am Leben wieder wachsen. Weil Sie Ihr Gegenüber als das erkennen, was es wirklich ist: Ihr Gegenüber ist Ihr Partner und kein virtueller Freund im Sumpf von Cyber-Dschungelcamps wie Facebook. Auch wenn man da natürlich trotzdem dabeibleiben sollte. Unbedingt. Sagen Freunde. Sagt das System.

Schauen Sie Ihrem Gegenüber wieder mal in die Augen. Treten Sie mit ihm in Kontakt, von Mensch zu Mensch. Und lernen Sie die Gunst der Stunde schätzen, wenn Sie mal nicht gebraucht werden. Weil Sie in dieser Gesellschaft in Wahrheit ja auch tatsächlich nicht gebraucht werden – sondern missbraucht. Zur Erhaltung eines Systems, das gerade unter pompösem Getöse und ganz, ganz besonders großartig zusammenbricht. Das werden auch die Abendnachrichten wieder bestätigen. Sie werden sie vielleicht wieder hören. Und werden sagen: „Wird schon weitergehen. Weil es immer weitergegangen ist bisher." Ja, schon. Die Frage ist nur: Geht es mit Ihnen oder ohne Sie so weiter? Oder haben Sie vielleicht auch schon die Nase ziemlich voll von dieser Schmierenkomödie, die sich als Scheinwelt tarnt? Also Sie sind jetzt persönlich gemeint. Ja, Sie. Sie als Mensch.

Hatten Sie schon mal den Verdacht, dass die Menschheit der Auflösung ihrer Identität, ihres gemeinsamen Erbes und dem Verlust ihres Gedächtnisses entgegensteuert? Wie das geht? Etwa indem sich schon jeder Zweite bereitwillig auf Facebook zum Nulltarif registrieren und dann seine Daten meistbietend an Konzerne verhökern lässt. Dieses Social Network im Internet ist sensationell ehrlich. Bei diesen öffentlichen Selbstdarstellungen sieht man nicht nur, wie jemand ist. Nein: Man sieht sogar, wie er gerne wäre – im richtigen Leben. Also dort, wo keiner erkennt, wie toll er wäre – wenn er könnte. Es ist eine jener seltenen Kombinationen, wo das System zutage tritt. Da dürfen sich alle kostenlos in die Auslage des Systems stellen: „Schau mich an." – „Gefall' ich dir?" – „Nimm Kontakt mit mir auf." – „Kauf mich." – „Verkauf mich weiter." Gefällt mir.

Die Forderung zum unaufgeregten „Mensch bleiben" formulierte Heinrich Heine vor etwa 160 Jahren so: „O lass nicht ohne Lebensgenuss/Dein Leben verfließen!/Und bist du sicher vor dem Schuss,/So lass sie nur schießen.//Fliegt dir das Glück vorbei einmal,/So fass es am Zipfel./Auch rat' ich dir, bau dir dein Hüttchen im Tal/Und nicht auf dem Gipfel." Ja, ja – der Heine. Das war einer. Der schrieb auch mal: „Ein Kluger bemerkt alles, ein Dummer macht über alles seine Bemerkungen." Woher wusste dieses Genie damals schon, wie Facebook funktionieren wird? Zum Gänsehaut-Kriegen ist das, ehrlich.

Kurz nach den Morgennachrichten nehme ich eine Nespresso-Kapsel zur Hand und stecke sie in ein selbst ernanntes Designergerät. Das ist tatsächlich überdurchschnittlich guter Kaffee, der da rauskommt. Die haben das geschickt gemacht bei Nespresso. Aber keine Angst: Das wird keine Schleichwerbung. Für die 80 Euro, die jeder Kapselkäufer auf ein Kilo Kaffee umgerechnet hinblättert, schmeckt er bei Weitem nicht gut genug – und dafür erzeugt man im Gegenzug systematisch auch noch jede Menge Sondermüll. Das ist der kapitalistische

Trick unserer Zeit. Und diesen Trick haben ja auch schon alle längst durchschaut – und gehen ihm trotzdem tagtäglich auf den Leim.

Die Hardware wird in allen Bereichen also immer billiger und die Software immer teurer. Das ist einerseits eine Huldigung an den Wert einer Idee, andererseits aber auch eine Beerdigung alter Werte wie Handwerkskunst und Menschenliebe. Weil jetzt auch die Geräte und die Menschen immer billiger geworden sind. Deshalb muss man mit all dem – also mit den Menschen und den Geräten – auch nicht mehr so sorgfältig umgehen wie früher. Alter Schrott muss raus – neuer Schrott muss rein. In unseren Häusern und Wohnungen ebenso wie in unseren Firmen. So geht das dahin. Bis alles hin ist.

Jeden Tag begrüße ich also den Tag mit diesem Kaffee-Ritual: zu teuer eingekauft und zu viel sinnlosen Müll erzeugt. Und so wird es heute weitergehen. Bei fast allem, was ich tue. Da spürt man dann irgendwie schon, dass das nicht ewig geht. Aber ich spiele mit. Gutmann hat sich auf dieses System erst gar nicht eingelassen. Und das nicht, weil er so großartig ist – wie seine zumeist weiblichen Fans in den Großstädten heute sagen. Wenn man seinen jungen Kundinnen zuhört, gewinnt man den Eindruck, dass sie am liebsten in seine Sonnentor-Shops einziehen würden. Weil die so viel Urvertrauen ausstrahlen. Nein: Weil er es nicht verstand, dieses System. Gutmann stand da wie Asterix beim Anblick des antiken Rom, tippte sich mit dem Zeigefinger dreimal auf die Stirn und sagte: „Die spinnen, die Blender."

Ich blättere vor dem Weg in die Arbeit noch in der Literaturbeilage der deutschen Wochenzeitung „Die Zeit". Da ist diesmal ein Interview von Philippe Pozzo di Borgo drin. Pozzo di Borgo, das ist jener Mann, der durch sein verfilmtes Buch

„Intouchables – Ziemlich beste Freunde" weltberühmt wurde. Reich war er ja schon. Aber er wollte noch etwas loswerden. Also schrieb er dieses Buch. Und heute lese ich sein Interview.

Was sagt er da? „Es klafft ein Abgrund zwischen den Anforderungen der Gesellschaft und dem, was sich in den Menschen zuträgt. Sie fühlen sich abgehängt, ausgeschieden, zerstört, beladen, gejagt, sie sind voller Scham und Angst, weil sie nicht leisten können, was man von ihnen verlangt, als Arbeitnehmer, als Familienväter, als Migranten oder Arbeitslose, es sind alle Lebenssituationen dabei, ob mit körperlicher Behinderung oder ohne. Wir haben eben alle ein Handicap, sei es nun körperlich, seelisch oder sozial."

Dann erzählt er von den vielen E-Mails, für deren Beantwortung er täglich fünf bis sechs Stunden aufwendet. Das seien in den seltensten Fällen E-Mails, die ihm Freude bereiten. Im Gegenteil. „Ich bin kein Weiser, ich bin nicht religiös", sagt er. „Die Unermesslichkeit der Verzweiflung, die mich erreicht, hat mich überwältigt." Da seien etwa auch jene, die am System gescheitert sind und sich aus dem Fenster stürzen. Und was schreiben die? „Ich hab's nicht hingekriegt, auch das nicht." Was schließt Pozzo di Borgo daraus? „All diese Mails belegen ein massenhaftes Gefühl des Scheiterns." Auch deshalb würde er sein Buch und den daraus resultierenden Film nicht unbedingt als Erfolg bezeichnen. Sein Fazit: „Wir sind als Gesellschaft in einer Sackgasse gelandet." Aber es sei auch jedem selbst überlassen, welchen Weg er einschlägt. Immerhin. Doch auch so etwas kann einem durch den Kopf gehen – während man die Morgennachrichten noch einmal Revue passieren lässt. Und die Erkenntnis gewinnt: Gut geht anders. Erst recht, nachdem ich Zeit mit Johannes Gutmann verbringen durfte. Diesem Spinner.

18

Ruine mit Aussicht

Es war vor ein paar Wochen. Ich bat Gutmann noch mal um einen Termin. Ich wollte mit ihm über seine Firma sprechen. Vor allem wollte ich ihm auf den Zahn fühlen. Wie viel ist bei ihm nur Marketing? Wie viele Skandale könnten hinter der Fassade seiner Firma verborgen sein? Bio – das kennt man eh. Irgendetwas ist immer faul. Und überhaupt: Behandelt der seine Mitarbeiter wirklich so menschlich, wie man sich das so erzählt? Sogar mein Verleger wurde ein bisschen seltsam, nachdem er Gutmanns Firma erstmals besucht hatte. Seitdem macht auch er so eine Art Mittagstisch für seine Mitarbeiter – so wie das Gutmann immer schon tat. Weil er meint, das gehöre sich so – wenn man seine Mitarbeiter mag. Seltsam das alles. Sehr seltsam. Im Abenteuer unseres Alltags.

Und die Bauern, die all diese Gewürze, Kräuter und Tees anpflanzen: Gibt es die wirklich? In echt? Ich dachte mir: Ich krieg' den Burschen schon noch in meine Gasse. Weil ich mir von einem Waldviertler Burschen mit roten Brillen und Lederhosen ganz, ganz sicher nicht meinen Glauben an mein System vermiesen lassen werde. Ein System, das mir in den letzten Jahren immerhin ein Einfamilienhaus, einen Renault Grand Scénic sowie einen Renault Mégane Cabrio auf Wechselkennzeichen, ein iPhone, ein iPad, ein iPad mini, eine Eigentumswohnung in Salzburg, eine Designer-Kaffeemaschine und zahllose Abendessen in ganz, ganz piekfeinen Restaurants beschert hat. So etwas soll ich aufs Spiel setzen? Pah, ganz sicher nicht.

Gutmann stand pünktlich zur vereinbarten Zeit am vereinbarten Treffpunkt auf dem Zwettler Stadtplatz. Er wollte mir bei der Gelegenheit gleich etwas zeigen, was er bis jetzt noch niemandem gezeigt hatte. Darüber wüssten noch nicht einmal seine engsten Mitarbeiter Bescheid. „Mann, ist der naiv", dachte ich mir. Vorab hat er mir auch schon verraten, dass er etwas Wertvolles gekauft hat. Ein Haus am Zwettler Stadtplatz. Da haben wir's schon, habe ich mir gedacht. Ein Immobilienspekulant, wie er im Buch steht. In der Werbung macht er auf Wurzelanbeter und im richtigen Leben kauft er zusammen, was nicht niet- und nagelfest ist, um weiter brav heiße Luft in die Immobilienblase zu blasen. So sind sie eben: die Neureichen.

Ich erkannte Gutmann schon von Weitem. So sind wir eben: wenn wir im System aufgewachsen sind. Wir wissen auf den ersten Blick, wen wir vor uns haben. Und Gutmann hatte wie immer eine Lederhose an, die auf den ersten Blick viel zu weit wirkt, häferlartige rote Waldviertler Schuhe aus der Werkstatt seines Freundes Heini Staudinger und eine rote Mütze auf dem Kopf. Gutmann ist nicht besonders groß. Ich wollte ihn fast schon auf sein Outfit ansprechen. Ob er etwa zum Casting für eine Rolle des „siebten Zwergs" in Schneewittchen antreten muss. Oder ob König Laurin im Waldviertel gedreht wird. Aber man ist ja höflich.

„Zwerge?", denke ich kurz. „Alles Märchenfiguren." Auch Gutmann ist eine Märchenfigur in Zeiten wie diesen – werden wir noch erfahren. Und das Beste ist: Sein Märchen spielt im richtigen Leben. Sein Märchen geht auch anders. „Wir sind Zwerge auf den Schultern von Riesen", zitierte er mal Bernhard von Chartres. Damit hat er gemeint: Wir sehen deshalb so weit, weil sich irgendwann einmal großartige

Denker für uns den Kopf zerbrochen haben. Und diese großartigen Denker würden ein bisschen mehr Respekt verdienen. Diese Weisheit ist nicht neu: Sie stammt aus dem 13. Jahrhundert.

Vor dem Haus angekommen, stockt mir der Atem. Bis vor Kurzem soll hier noch eine 88-jährige Frau gelebt haben. Eine so betagte Frau als Besitzerin eines Stadthauses, das musste eine sehr vermögende Dame gewesen sein, die jetzt – nach einem Unfall – ihren Lebensabend in einem kuscheligen Altersheim verbringt. Das dachte ich zumindest. Bis jetzt. Denn nun stehe ich davor: Dieses Haus ist – wie soll ich sagen? Dieses Haus ist eigentlich kein Haus mehr. Es ist eine Ruine. Mit dem Haus ist nichts mehr anzufangen. Man kann es wegreißen – und neu aufbauen.

Gutmann nickt. Als ob er meine Gedanken erraten hätte: „Wird man abreißen müssen und neu aufbauen. Aber anders", sagt er. Und dass ich Augen machen würde, wenn ich es erst innen gesehen hätte. „Das wird fantastisch. Wirst sehen", meint er, während er einen riesigen Schlüssel in das Türschloss steckt, mit einer kräftigen Drehung das Schloss entriegelt, um sich dann mit seinem schmächtigen Körper gegen das Tor zu lehnen, um es aufzudrücken. „Willkommen im Wunderland", sagt er jetzt freudestrahlend.

Ich werfe zuvor noch einen Blick in die iPhone-Ausgabe meiner Zeitung. Die aktuellste Meldung lautet: „Metallsplitter in Pizza entdeckt. Wagner startet Rückrufaktion."

An solche Meldungen ist man gewohnt. Sie jucken mich schon lange nicht mehr. Es hätte auch eine Maus im Fast Food entdeckt werden können, eine Glasscherbe im Milchpackerl, ein Zehennagel in der Meeresfrüchtepfanne. Alles ist möglich. Und fix ist heute nur noch, dass diese Möglichkeiten ständig wiederkehrend in der realen Welt auftauchen. Das ist nur einer jener bedenklichen Kreisläufe, die unsere westliche Welt hervorgebracht hat. Andere wären etwa Lebensmittelskandale, Medikamentenskandale, Finanzskandale, Datenschutzskandale, Umweltskandale – suchen Sie sich ein Hauptwort aus und hängen Sie „-skandale" dran. Meinetwegen „Möbelskandal". Bitte nicht lachen. Auch das ist möglich. Morgen schon. Oder zweifeln Sie ernsthaft daran?

Die Steigerung von Skandalen sind Katastrophen. Aber auch an die sind wir schon gewöhnt. Unser Hirn schützt sich da selbst. Sonst würde es heiß laufen, würden wir uns das alles noch zu Herzen gehen lassen. Und zwar so, wie es der Information entsprechend angebracht wäre. So als Mensch. Mit Einfühlungsvermögen.

Die Welt ist aus den Fugen geraten – denke ich noch ganz geschwind, bevor wir reingehen, in die jüngste Ruine von Johannes Gutmann. Man kann sie auch windschiefe Bude nennen. Hier und jetzt – in dieser Ruine – fühle ich mich plötzlich aber ganz erstaunlich zufrieden und sogar ein bisschen wohl. Warum eigentlich? Ausgerechnet in einer Ruine? Ganz einfach: Hier besteht keine Gefahr. Hier kann man nur etwas finden. Ohne nach etwas gesucht zu haben. Merkt euch diesen Satz gut – ihr da draußen – in den unendlichen Weiten des Internets.

Gutmann bringt noch allerhand in Sicherheit, was er als begehrenswert empfindet. Und das ist erstaunlich viel. Ein alter Regenschirm, Werkzeuge, ein altes Telefon, ein Gumpferl – wie er es nennt. Das ist ein echtes Stierhorn, das er auf dem Boden liegend gefunden hat. „Vor Kurzem hätte ich bald eines aus Plastik gekauft. Ehrlich. Man kann alles erwarten", erklärt er. Bilder, Plakate, uralte Schlitten. Er scannt alles mit seinen Augen, ordnet alles zu. Alles, was er sieht, hat einen Wert für ihn, all das wird eingebaut in seinen Plan – und in seine Überzeugung, dass jede Ruine ein Grundstein sein kann. Für etwas völlig Neues. Ein Fundament für die Lebensfreude. Aber wer richtet das endlich mal all diesen Nachrichten-Papageien aus, die uns täglich mit ihren Nachrichten füttern?

Ein kurzer Blick auf die aktuellste Nachricht des Newstickers meiner Zeitung: „In Newtown (USA) tötet ein Amokläufer 20 Kinder und 6 Erwachsene."

Was ist bloß los da draußen? Ich muss noch einmal an Pozzo di Borgo denken. An das Interview, das er der „Zeit" gegeben hat. Regungslos in seinem Rollstuhl sitzend. Da sagte er: „Unser gegenwärtiges Gesellschaftssystem beruht auf der Befriedigung aller individueller Bedürfnisse. Das ist ein System ohne Sinn und Verstand. Das kapitalistische Wirtschaftssystem will egoistische Befriedigung optimieren und behauptet, erst dann sei man glücklich. Was für ein Unfug! Dieser Polysensualismus, der jeden Wunsch befriedigen will, ist schlicht verrückt. Mit Glück hat das nichts zu tun. Das System ist völlig überhitzt und überdreht. Als ich vor zwanzig Jahren lernen musste, mit der Schwerstbehinderung zu leben, merkte ich irgendwann, dass es nichts Elementareres gibt, als ein menschliches Gegenüber zu haben. Die Einsamkeit in unseren individualistischen Gesellschaften ist das Schlimmste."

Ist das so? Kann man nicht mal mehr glücklich sein in dieser Welt, wenn man alles Geld dieser Welt hat – auch wenn man behindert – pardon: körperlich beeinträchtigt ist? Da wird einem immer gepredigt: Mach dein Geld. Und den Rest bezahlst du. Dann so etwas: Geld ist nicht alles? Hä? Unser System hat uns doch nie eine andere Botschaft mitgeteilt, seit wir Kinder waren. Und jetzt so etwas. Merci, Monsieur Pozzo di Borgo. Sie können Ihre Arme nicht bewegen und erst recht nicht laufen. Aber Sie haben mir die Augen geöffnet.

Es fügt sich alles zusammen. In diesem Augenblick. Jene, die „gefällt mir" klicken und „shitstorms" im Internet inszenieren, jene, die glauben, alles und überall immer sofort abrufbar haben zu müssen und nichts von dem kapieren, was Menschlichkeit ausmacht. Jene, die aus dem Raster gefallen sind und hoffen, dass ihnen ein Mensch fernab der virtuellen Welt begegnet. Jene, die Menschen töten. Aus Angst? Aus einem „nicht mehr weiter wissen"? Das System geht unter. Das spüren wir alle. Und was wird dagegen getan? Auf diesem für jedermann offensichtlich sinkenden Schiff werden noch frisch und munter die Kapitäne ausgetauscht. Antreten, abtreten, antreten, abtreten … Die Hoffnung, dass dies die Lösung ist, ähnelt jener Hoffnung, die Phileas Fogg hatte, in dem Roman „In 80 Tagen um die Welt". Da beschrieb Jules Verne, wie Fogg das Inventar seines Dampfers verheizte, um noch rechtzeitig in London anzukommen und so seine Wette zu gewinnen. Er hat die Wette dann auch gewonnen – aber das Schiff verloren. So betrachtet, hat Jules Verne bereits vor mehr als hundert Jahren die Derivate erfunden, mit denen sich heute Wirtschaft und Politik an den Rand des Abgrunds spekuliert haben. Wir alle verbrennen tagtäglich Ressourcen, soziale Werte und Existenzen. Burn-out. Was für ein treffendes Wort. Auf das sind Betroffene oft sogar noch stolz: „Depressionen – das ist was für Weicheier. Ich habe ein Burnout." Das kommt davon, weil ihnen das System den Wert der Leistungsstärke eingeimpft hat. Es gibt Leute, die empfinden ein Burn-out wie ein Zeugnis dafür, dass sie in der Lage sind, verdammt viel zu leisten.

Gutmann begleitet mich zum Auto. Er wirft noch mal einen Blick zurück zu seiner jüngsten Ruine. „Das wird was", sagt er zuversichtlich.

Noch ein kurzer Blick auf den Newsticker meiner Zeitung: „EU will Schockbilder auf Zigarettenverpackungen." Eine neue wichtige Nachricht im großen Abenteuer unseres Alltags.

Wallfahrtsort mit Zukunft

Sprögnitz bei Zwettl. Ein Dorf auf grüner Wiese. 150 Einwohner. Eine Kirche. Und eine Firma, die Waldviertler Bioprodukte zu einem weltweiten Exportschlager gemacht hat. Eine Firma, die irgendwie jeder mag und gegen die ganz sicher niemand etwas hat. Eine Firma, die Freude vermittelt und das Versprechen, wahren Genuss zu bieten, offenbar mit links erfüllt. Wie geht das? Was tun die? Und vor allem: Wer sind die? Eine Sekte womöglich? Idioten? Subversive? Beißen die?

Das Bild, das sich dem Besucher bietet, ist gewöhnungsbedürftig. Da stehen ein paar riesige Lagerhallen inmitten der unendlichen Weiten des dünn besiedelten Waldviertels. Diese Hallen haben sogar emotional aufgeladene Namen, die mit Lagertechnik so gut wie gar nichts zu tun haben. Eine heißt etwa „Halle luja". Den Namen erfand einer seiner Mitarbeiter, erzählt Gutmann beim ersten Rundgang. Er macht das immer so. Er braucht keine krampfhaft bemühte Werbeagentur, die sich für ihn hinsetzt, um ihm dann zu erklären, welchen Humor er haben sollte. Gutmann hat Mitarbeiter. 170 sind es inzwischen. „Und die sind alle eine Gaudi", sagt er. Als er nach einem Namen für seine jüngste Halle suchte, gab er nur den Hinweis, dass diese Halle die erste „hinter dem Wasser" sein wird. Sie müssen wissen: Da fließt ein Bächlein in Sprögnitz. Und das Bächlein hat Sonnentor mit dieser Halle eben überschritten. Ein schöner Gedanke: Sonnentor kann über Wasser gehen. Da war klar: „Halle luja". Und einer seiner Mitarbeiter war sein Prophet: Halleluja!

Den Namen dieser Halle trägt Gutmann nun mit seinen Produkten in die Welt hinaus. Und mit der Halle trägt er jetzt auch seinen Mitarbeiter, seinen Propheten, in die weite Welt hinaus.

Im Gespräch verwendet Gutmann das Wort „Halleluja" recht häufig. Als Ausdruck der Begeisterung, der Freude, des Erschreckens und der Neugier sowieso – eigentlich bringt er „Halleluja" zu jedem denkbaren Anlass zu Gehör. Es ist erstaunlich, wie viel Veränderung ein Wort allein durch die Betonung der einzelnen Silben zum Ausdruck bringen kann. Und es ist ein schönes Wort. Es schmeichelt seinem Gesprächspartner – egal, in welchem Zusammenhang. Wer mit einem Halleluja bedacht wird – gleichgültig, ob in einem positiven oder negativen Zusammenhang –, der fühlt sich gleich als Teil von etwas Übersinnlichem, etwas Größerem. Kurz: Von etwas, das keiner versteht. Aber das, was heute keiner mehr versteht: dieses emotionale Miteinander, von dem wissen zumindest noch alle, dass es noch ganz sicher da ist. Dieses Etwas kann man auch Spiritualität nennen. Und der Ausdruck ist ja auch tatsächlich das Resultat einer Freundschaft zwischen Gutmann und einem Mönch des in unmittelbarer Nähe befindlichen Zisterzienserklosters. „Das war der Maximilian. Der ist jetzt leider nicht mehr da", erinnert sich Gutmann sichtlich ein wenig gerührt.

Dann erzählt er, dass dieser Mönch und Freund wohl zu leutselig wurde – und innerhalb seines Systems der katholischen Kirche wohl hauptsächlich aus diesem Grund gescheitert sei. Ob Politik, Wirtschaft, Religion und ja sogar in der Kultur: Es ist offenbar überall das Gleiche. Sobald eine Bewegung zur Institution wird, geht die Menschlichkeit – das kreative und vorwärts gerichtete Miteinander – flöten. Bei Begegnungen mit diesem Mönch hätten die beiden also stets schon von Weitem den Gruß „Halleluja" erschallen lassen. Das war ein schöner Gruß. Und seine Lagerhalle gleichen Namens ist heute eine coole Halle, in der allerhand bewegt wird.

Eine andere Halle wiederum hat Gutmann „Drunter & Drüber" getauft. Das klingt nach Chaos in der Lagerhaltung. Darauf angesprochen, zuckt Gutmann nur mit den Schultern. „Chaos? Kann schon sein. Stimmt ja auch. Aber es funktioniert alles – da drin –, von diesem ‚Drunter & Drüber' geht auch alles in die weite Welt hinaus. Halleluja!"

Während man so von einer Halle zur nächsten schlendert und all die gut aufgelegten Mitarbeiter sieht, die allesamt von ihrem Chef freundlich mit Vornamen begrüßt werden, dann wirkt dieser Rundgang plötzlich wie die Besichtigung von glücklichen, arbeitenden Menschen in einem Zukunftslabor. Am Arbeitsplatz, dort wo seit Menschengedenken Mitarbeiter Angst vor ihrem Chef haben, herrscht bei Sonnentor ein offensichtlich gedeihliches Miteinander. Das ist ganz unbestritten eine sehr schöne Wahrnehmung, die Gutmann da geschaffen hat. Man beginnt sich daran zu gewöhnen – auch als Besucher, der bald wieder in seine traurige Wirklichkeit zurück muss.

Noch etwas fällt auf: Wenn Gutmann „seine Leute", also seine Mitarbeiter sieht, hat er nicht nur einen freundlichen Gruß auf den Lippen, die Anrede mit dem jeweiligen Vornamen und ein paar kurze Fragen sowohl beruflicher als auch persönlicher Natur. Er hat da auch noch diese Eigenart, dass er bei seiner „Kontaktaufnahme" das Gegenüber mit der flachen Hand zumeist am linken Oberarm berührt. Als ich Gutmann auf diese Beobachtung hin anspreche, macht er große Augen und sagt, dass ihm dies bisher gar nicht aufgefallen sei. Es ist wohl seine unbewusste Art, jenem Menschen, mit dem er es zu tun hat, seine Aufwartung zu machen. Der fühlt sich nämlich durchaus durch diese fürsorgliche, Aufmerksamkeit schenkende Geste geehrt. Gutmann ist nicht irgendwer. Er ist Unternehmer des Jahres 2011. Seine Erfolgsmeldungen geistern durch die Medienlandschaft.

Seine Hand lässt er dann übrigens zumeist so lange auf dem Oberarm seines Gesprächspartners ruhen, bis dieser sich anschickt, ihm eine Antwort zu geben. Während dessen Antwort tritt er einen Schritt zurück, fällt ihm garantiert nicht ins Wort und schenkt ihm seine hundertprozentige Aufmerksamkeit. Da könnte jetzt ein Mitarbeiter aus der Kostenrechnung dazwischenfunken, um ihm mitzuteilen, dass der Laden den Bach runter geht. Gutmann würde den anderen Mitarbeiter ausreden lassen. Er nimmt alle Anregungen dankbar an. Vor allem erweist er diesem Mitarbeiter den nötigen Respekt. Lässt ihn entscheiden. Lässt ihn auch machen. Gibt seinen Rat dazu. Macht vielleicht noch einen Scherz. Je nachdem. Auf jeden Fall merkt man ihm an, dass er bereit ist, von seinem Gegenüber etwas lernen zu wollen.

Wenn Gutmann weitergeht, signalisiert er mit einer Bewegung seiner Hand: „Mir nach." Also das tut er mit der Hand, die zuvor auf dem Oberarm seines Gesprächspartners oder seiner Gesprächspartnerin ruhte. Da muss man sich keine Sorgen machen. Das ist kein Psychotrick oder so etwas. So war er schon immer. Denn eine Begegnung soll nie so ablaufen, wie Sie es in irgendeinem Motivationsseminar, an der Uni oder sonst wo lernen. Denn deren Absolventen machen es sowieso allesamt gleich. Am besten beschreibt man die Wirkung mit der an diesen offiziellen Stellen einstudierten Höflichkeit mit diesen unerträglich langen und höflich formulierten Sätzen, die man etwa in Banken und in Hotels hört, wenn man anruft:

„Guten Tag, Sie sind verbunden mit dem Holiday Plaza in Buxtehude. Mein Name ist Ilse Habmichgern. Was kann ich für Sie tun?" Was will mir diese Dame sagen? Dass ich vermutlich dachte, zu blöd zu sein, mich telefonisch mit der richtigen Nummer des Hotels zu verbinden? Ihr Name ist mir leider ziemlich egal? Es dürfte sich aller Voraussicht nach keine längerfristige wie auch immer geartete Beziehung aus diesem Gespräch entwickeln. In diesem System könnte ich den Namen jener Dame nur benutzen, damit ich mich gegebenenfalls bei ihrem Vorgesetzten beschweren kann, weil ich mich nicht höflich genug bedient gefühlt habe. Und in diesem System gibt es mehr als genug Wichtigtuer, die nur auf den kleinsten Anlass warten, jemanden anzuschwärzen, der seinen Sermon nicht auswendig gelernt oder eine wie auch immer geartete Höflichkeitsfloskel vergessen hat.

Welche Blüten solche Floskeln treiben können, schilderte einmal der tschechische Schriftsteller Milan Kundera in seinen Erinnerungen, als er den ersten Brief von seinem französischen Verleger erhielt. Der war unterzeichnet von einer Dame. Kundera ließ sich den letzten Satz wortwörtlich übersetzen. Und der ging ungefähr so: „Mit dem Ausdruck meiner innigsten Gefühle und tief empfundenen Wertschätzung verbleibe ich herzlichst …" Kundera war gerührt: „Da gibt es in Frankreich eine Frau, die mich liebt!", rief er einem Freund zu. Der hatte schon Erfahrungen mit französischen Geschäftsbriefen und musste ihm mitteilen: „Lieber Milan. Was dir diese Frau da zum Schluss geschrieben hat, das ist ein Ausdruck für das größtmögliche Desinteresse, das man in Frankreich einem Menschen entgegenbringen kann."

Dass heute mehr als 37.000 Besucher jährlich Gutmanns Firma im hintersten Waldviertel besuchen kommen, ist ganz ohne Zweifel die Sehnsucht der Menschen, eine real existierende Form des glücklichen Miteinanders in einem Arbeitsprozess mit eigenen Augen zu sehen. Ein Wunderland, das auf den Ruinen eines desolaten Bauernhofs errichtet wurde.

Ein kurzer Blick auf den Newsticker meiner Zeitung: „Kinder in Fukushima werden immer dicker." Aha.

„Ich hatte damals keinen Plan", sagt Gutmann heute. „Nur eine Idee, deren Umsetzung mir Freude bereitete." Nunmehr steht dieser Bauernhof wie eine Lokomotive vor einer aufgefädelten Reihe von sieben riesigen Lager- und Produktionshallen. Inzwischen kontrolliert Gutmann auch schon mehr als 50 Prozent des österreichischen Biofachhandels in den Produktgruppen Tee, Gewürze und Kräuter. In Deutschland liegt er damit bereits an der dritten Stelle. 75 Prozent seiner Produkte exportiert er in die halbe Welt, nach Frankreich, Deutschland, Russland, ja sogar bis nach Taiwan und Japan. All das entstand aus dem Antrieb eines Mannes, einer Ruine und der Schaffenskraft einer Handvoll Waldviertler Bauern, die sich von Gutmann überzeugen ließen, anstatt Zuckerrüben und Kartoffeln doch wieder längst vergessene Kräuter anzubauen.

Sein jüngster Geistesblitz hat gerade in unmittelbarer Nähe seiner Firma eingeschlagen. Da entsteht derzeit sein erstes Bio-Gasthaus. Solche gibt es schon viele in Österreich. Etwa hundert, um halbwegs genau zu sein. Die werden in der Branche respektiert. Aber so richtig ernst nimmt sie in diesem schnelllebigen Geschäft, das immer mehr von Fertig- und Halbfertiggerichten dominiert wird, noch niemand. Kurz, seine Idee ist nicht neu. Nur sein Konzept ist wieder mal revolutionär.

Gutmann plant in Sprögnitz einen Modellbetrieb. Ein von vorn bis hinten nach menschlichen Bedürfnissen durchdachtes Gasthaus, von dem er zumindest den darin befindlichen Tee-Salon in den nächsten Jahren im Franchise-System über Österreich und dann über die Welt verteilen möchte. Der Projektname lautet „Sonnentor-Akademie“. Akademie klingt gefährlich nach Spaßbremsenhausen. Aber dieser Eindruck täuscht. Die Sonnentor-Akademie wird in drei Bereiche gegliedert. Den ersten hat er „Genussreich“ genannt. Das ist der Ort, an dem sich die Gäste kulinarisch mit Produkten aus biologisch kontrollierter Landwirtschaft verwöhnen lassen können. Der zweite Bereich heißt „Geistreich“. „Das wird unsere kuschelige Akademie“, sagt Gutmann. „Hier werden wir das nötige Wissen vermitteln, wie man besser nachhaltig produzieren, konsumieren und demzufolge auch enkeltauglich leben kann.“ Besonders am Herzen liegt ihm aber der dritte Bereich. Das ist das „Energiereich“. Hier befindet sich die Kinderbetreuung. Vornehmlich jene seiner Mitarbeiter, die dann ihre Sprösslinge in unmittelbarer Nähe ihres Arbeitsplatzes bestens aufgehoben wissen. Aber auch Kinder der Gäste des „Genussreichs“ sind dort jederzeit willkommen.

Gutmann will 1,5 Millionen Euro in die Sonnentor-Akademie investieren. Die Eröffnung hat er im Frühjahr 2014 vorgesehen. Vom Erfolg ist Gutmann überzeugt: „Die Zeit ist reif“, stellt er fest. Nachhaltigkeit sei das Einzige, womit man den Konsumenten heute noch überraschen könne. „Chemisch hat die Nahrungsmittelindustrie ja schon alles gezeigt, was sie zu bieten hat. Die haben es geschafft, den Ertrag mit dem Kunstdünger zu verzehnfachen. Okay. Aber so wie Kartoffeln einmal wirklich geschmeckt haben, wie viele Vitamine dann tatsächlich drin stecken – das weiß heute keiner mehr. Bei uns werden sie es wieder erleben.“

Und dann hat er ja auch noch seine jüngste Ruine, das verfallene Stadthaus in Zwettl, erworben. Daraus soll sein erstes

Bio-Hotel werden. Mit einem ebenfalls einzigartigen Konzept. Gutmann beginnt schön langsam, nach 25 Jahren den völlig absichtslos von ihm in Gang gebrachten Kreislauf zu schließen. Mit Bio-Produkten von Waldviertler Bauern, Bio-Gastronomie mit menschlichem Antlitz und Bio-Hotels, die Erholung ohne Gewissensbisse garantieren.

Die Frage, ob sein erstes Bio-Hotel, das sich ja fernab aller touristischen Ströme befindet, überhaupt genug Gäste anlocken wird, quittiert er mit jenem Lächeln, für das er bekannt geworden ist. „Diese Frage hat mir schon mal jemand gestellt", sagt er. Und zwar, als er das Konzept entworfen habe, seine Firma in Sprögnitz für Besucher zu öffnen. „Da waren am Anfang auch meine Mitarbeiter etwas verunsichert", erinnert er sich. Aber schon bald hätten sie es genossen, dass regelmäßig Besuch aus allen Regionen Österreichs bei ihnen vorbeikam. Ein Lächeln hier, ein Plauscherl da, ein Kompliment dort. Außerdem gewinne man da als Arbeitnehmer auch zunehmend das Gefühl, Gastgeber zu sein: „Du hast keine Ahnung, wie viel Wert meine Mitarbeiter seitdem auf eine saubere Umgebung legen, seit sie regelmäßig Besuch empfangen", verrät Gutmann noch mit einem Augenzwinkern.

Und was den zu erwartenden Besuch des geplanten Bio-Hotels angehe: „Was soll ich dazu sagen? Nach der Öffnung meiner Firma für die Öffentlichkeit wurde mir ausgerichtet, dass ich die Leute nie finden werde, die eine Firma in der Einöde besichtigen wollen. Heute werden wir bereits von zigtausend Menschen jährlich gefunden."

Ein Bio-Wallfahrtsort ist Sprögnitz also längst geworden. Von diesem Wallfahrtsort schickt Gutmann nun gastronomische und touristische Impulse in die Welt. Nein, das ist kein Plan. Das macht ihm Freude.

Lauter Mist im Flüsterbeton

Jetzt bloß nicht auf das Schulsystem losgehen. Das tun die Medien sowieso tagtäglich. Über die schulischen Leistungen von Johannes Gutmann möchten wir an dieser Stelle übrigens lieber den Mantel des Schweigens breiten. Und entfernt erinnert mich Gutmann ein bisschen an viele Mitschüler, denen von ihren Lehrern eine unheilvolle Zukunft vorhergesagt wurde. Jene, die sich damals irgendwie durch die Schule gemogelt hatten, entsinnen sich meistens wenigstens eines Lehrers, der ihnen Mut gemacht hat. Weil er das Potenzial dieses Schülers erkannt hatte. Es gibt eben nichts Wichtigeres für einen jungen Menschen, als zumindest einen Lehrer gehabt zu haben, der nicht nur mit den Augen des Systems sah, sondern mit seinen eigenen – und vor allem mit Herz und Hirn. Viele von jenen Schülern, die damals als Hallodris galten, haben dann dennoch bemerkenswerte berufliche Karrieren hingelegt. Allerdings wieder nur in dem bestehenden System der Wirtschaft, die sich zwar frei entwickeln kann: leider aber auch nur in jenem Rahmen, der sich mit dem Wachstum der Wirtschaft und nicht mit dem des Menschen und der Natur beschäftigt.

Da fragt man sich dann: Soll man seinen Kindern tatsächlich mit auf den Weg geben, dass sie in der Schule besser „gerade mal so durchkommen" sollten, damit das Schulsystem nicht allzu sehr auf sie abfärbt? Damit sie es später einmal besser haben? Besser nicht. Für manche ist es sicher eine gute Schule, sich als Jugendlicher am Schulsystem zu reiben. Die schlagen sich dann auch recht wacker im Beruf und durchs Leben. Weil sie die Tücken des Systems schon sehr früh erkannt und deren tägliche Umgehung geübt haben. Indem sie auf das Auswendiglernen pfiffen und dem hierarchischen System von Grund auf misstrauten. Das schärft den Verstand. Andererseits gehen diese Schüler mit ihren Fähigkeiten im späteren Beruf womöglich nicht immer sauber um. Denn ein unangepasster Jugendlicher lernt in diesem Schulsystem auch, dass man schwindeln und andere austricksen muss, um weiterzukommen. Man lernt da auch sehr schnell, wie man andere blendet und verführt. Diese Fähigkeiten sind im beruflichen Alltag aber auch sehr gefragt. Man spricht nur nicht so viel darüber wie über die Notwendigkeit, funktionieren zu müssen. Und das teilt die Gesellschaft dann ja auch in wenige Sieger und viele Verlierer. In große und kleine Zahnräder des Systems, die schon fast allesamt so am Durchdrehen sind.

In den vergangenen Jahren wurde von vielen Wissenschaftlern beklagt, dass unsere Kinder gezielt zu mittelmäßig talentierten Menschen erzogen werden. Anstatt deren Stärken zu fördern, lassen wir diese unbeachtet, um etwaige Schwächen zu kaschieren. Was dabei herauskomme, sei systemtaugliches Mittelmaß. Und das ist dann auch der Grund, sich an jene Mitschüler zu erinnern, die ungeahnte Stärken hatten, sich heute aber unzufrieden und desorientiert als kleines Rädchen frustriert im System im Kreis drehen. Was wiederum immerhin den Verkauf von abertausenden Büchern ankurbelt, die das Wort „Glück" im Titel eingebaut haben. Keine Ahnung, warum immer noch so viele Menschen unglücklich auf ihre Umwelt wirken – bei dem Verkaufserfolg all dieser Glücksformeln.

Machen Sie sich keine falschen Hoffnungen: Mit diesem Buch werden Sie Ihr Glück leider auch nicht finden. Der Antrieb, aus dem es geschrieben wird, ist der Fingerzeig auf das, was eigentlich reicht im Leben: Es geht nur darum, dass Sie endlich wieder mal zufrieden sein können – mit dem, was Sie haben. Es geht um Dankbarkeit – und nicht um eine schnellstmögliche Lösung. So ein Buch müsste den Titel „Gier nach Glück" tragen, und nicht „Gut geht anders". Aber um zur Wurzel des Problems zu gelangen: Wo kommt diese Sehnsucht nach einem mittelmäßigen System überhaupt her? Nach einem System, das alle unzufrieden macht?

Am einfachsten lässt sich die Wirksamkeit eines Systems anhand des Militärs beschreiben. Da gibt es eine Befehlskette von oben nach unten, und jeder Befehlsempfänger weiß, wem er von oben zu folgen hat und wem er nach unten weiterbefehlen kann. Das ist simpel. Vielleicht auch blöd. Weil der da oben eine Vollpfeife sein und ich es da unten wenigstens einmal ausnahmsweise besser wissen könnte. Da lässt Kleists „Prinz von Homburg" recht artig grüßen: Befehl missachtet – Schlacht deshalb gewonnen – Rübe ab. Denn: Befehle hat man beim Militär blind auszuführen. Weltweit.

Es kursiert ja die Theorie, dass es ein gemeinsames Erbe der Menschheit geben muss. Etwa weil fast alle Menschen an derselben Stelle eines Witzes lachen: vom Eskimo bis zum Maori. Aber es gibt auch eine traurige Botschaft. Diese Typen – egal, wo sie daheim sind – lassen sich ebenso leicht für das Militär rekrutieren. Dabei würde es doch reichen, wenn sie ein Leben lang über diese Struktur lachen würden – wie über einen Witz. Dass sich so viele Menschen freiwillig in militärische Systeme einfügen lassen, darf durchaus als bemerkenswert eingestuft werden. Schließlich weiß wirklich jeder ohne Ausrede, dass er in diesem System eine Rolle spielt, in der er im Ernstfall sein Leben einsetzen muss, um andere Leben auszulöschen. Wenn

man vor dem solcherart offensichtlich in einem System einge-
bauten eigenen Tod und auch dem Töten anderer Menschen
nicht zurückschreckt, dann darf man daraus schließen, dass
sich Menschen in Systemen prinzipiell wohlfühlen. Das Nachdenken darüber erfolgt meistens, wenn es zu spät ist. Also kurz
vor dem Sperrfeuer, in das man von einem übergeordneten
Offizier gejagt wird. Jetzt wäre das militärische System eigentlich schon recht schnell durchschaut. Und trotzdem gehen da
jede Menge Systemerhalter freiwillig rein. Das gesellschaft-
liche System, in dem wir leben, ist ja alles andere als militärisch
organisiert.

Deshalb funktioniert unser Gesellschaftssystem ja auch so
gut. Es ist so vielschichtig und vielfältig auf mehreren Ebenen
miteinander verknüpft. Und zwar so, dass keiner dem anderen
böse sein kann, wenn dieser etwas tut, was ihn in seiner
Weiterentwicklung als Mensch behindert. Weil jener, der das
verhindert, ja auch Gründe dafür angeben kann – und sich
dieser selbst dem Mitleid seines Gegenübers sicher sein kann,
wenn er erzählt, warum ihm keine andere Wahl bleibt, als sein
Gegenüber als Mensch nicht ernst zu nehmen. Das System, wie
es heute funktioniert, hat wohl der Philosoph Eugen Maria
Schulak am besten erklärt. In seinem Buch „Vom Systemtrottel
zum Wutbürger" schrieb er: „Wir sind alle wie Eisenspäne auf
einer Glasplatte, die sich wie von Geisterhand bewegt nach
dem Magneten ausrichten, der unter der Glasplatte entlang
gezogen wird."

Aber der Magnet scheint mehr und mehr an Anziehungs-
kraft zu verlieren. Immer mehr Eisenspäne wollen offenbar
nicht mehr so richtig funktionieren. Um das zu beweisen,
genügt schon ein Blick in die letzte Ausgabe der „Spiegel"-
Bestsellerliste des Jahres 2012. Unter den zehn meistverkauften

Büchern sind „Bluff! Die Fälschung der Welt", „Spielball Erde – Machtkämpfe im Klimawandel", „Die Kunst des klaren Denkens", „Die Kunst des klugen Handelns", „Die Welt aus den Fugen", „Verstehen Sie das, Herr Schmidt?" und „Neukölln ist überall". Das sind sieben Bücher unter den Top Ten, die von Systemkritik handeln. Und die anderen drei? „Ziemlich beste Freunde" – das ist die berührende Geschichte von Pozzo di Borgo. Dessen Einstellung zum System haben Sie ja vorher gelesen. Auf Platz zehn ist Papst Benedikt XVI., der den Menschen Jesus ans Herz legen möchte, und auf Platz eins liegt – Achtung: Fanfare! – „1913. Der Sommer des Jahrhunderts". Produktbeschreibung: „1913 ist das Jahr, in dem unsere Gegenwart beginnt ..." Und was kam dann? Richtig: 1914. Man kauft es wahrscheinlich mit dem Hintergedanken: 1913, da dürfte die Welt noch halbwegs in Ordnung gewesen sein – oder? Man weiß es ja nicht. Weil man so viel hört und so viel liest, wie es heute zugeht – hundert Jahre später: 2013.

Der Erfolg dieser Bücher bietet Anlass zur Hoffnung: Denn das bedeutet, dass es nicht nur ambitionierte, sondern vor allem auch schon von Erfolg gekrönte Versuche gibt, die Mängel des Systems anzuprangern. Und es werden offenbar immer mehr, die danach streben, dieses System zu Fall zu bringen. Oder besser noch: Die es unterwandern oder überwinden, indem sie es durch alternative Lebens- und Arbeitsformen ignorieren und dabei konkrete und funktionsfähige Gegentatsachen erschaffen. Das sind allesamt – positiv gesprochen – subversive Kräfte. Solche Kräfte tun sich freilich in Frankreich, Deutschland, den USA oder Großbritannien leichter. Was die Erfolge österreichischer Querdenker wie Gutmann nur noch bemerkenswerter macht. Das beweist ein Blick auf unsere Geschichte.

Denn das österreichische System ist da sehr speziell. Man könnte sagen: Es ist die Karikatur des weltweit funktionierenden Systems des Einlullens und gedankenverlorenen Einkaufens. Österreich darf mit Fug und Recht als Weltmeister der Systemerhaltung bezeichnet werden. Was wohl daran liegen dürfte, dass die Österreicher keine Streik- und erst recht keine Revolutionskultur haben. Freiheitskämpfe sind Österreichern völlig fremd. Der erste und wohl auch einzige diesbezügliche Versuch scheiterte im 16. und 17. Jahrhundert bei den Bauernaufständen. Diese wurden mit unvorstellbarer Härte niedergeschlagen. Danach dümpelte das erzherzogliche, später das königlich-kaiserliche Habsburgerreich recht gemütlich dahin, während andernorts bahnbrechende Veränderungen passierten. Bis der Hunger das Volk 1848 dann doch noch einmal auf die Straßen trieb. Der damalige Kaiser Ferdinand steht ja als der „Gütige" in den Geschichtsbüchern. Im Volksmund wurde er der „Dumme" genannt. Heute geht man davon aus, dass er tatsächlich eine „geistige Teilleistungsschwäche" hatte. Er herrschte autokratisch, ohne Beteiligung eines Parlaments. Das war die perfekte Voraussetzung einer vom Fürsten Metternich dirigierten „Hofkamarilla", welche die alte, absolutistische Gesellschaftsform zu neuer Blüte geführt hat, während sich der Rest Europas aufmachte, um den Idealen der Französischen Revolution nachzueifern. Die Wörter „Freiheit", „Gleichheit" und „Brüderlichkeit" mussten den Österreichern in dieser Zeit ziemlich spanisch vorkommen.

Immerhin war Österreich damals so sehr damit beschäftigt, sich selbst zu kontrollieren, dass es seinerzeit auch nicht gelang, sich ernst- und dauerhaft Kolonien anzueignen. Es galt ja auch noch, den Vielvölkerstaat wie einen Garten zu pflegen.

Was gar nicht so schlecht gelang. Zumindest besser, als das heute gelingt.

Ein Blick in den Newsticker: „FPÖ-Obmann Strache nimmt Stellung: ‚Republik darf sich von linksextremen Aktivisten und abgelehnten Asylwerbern nicht an der Nase herumführen lassen'." Da schau her. Es kommt noch besser. Oder besser: Es kommt noch schlechter: „Die hungerstreikenden Asylwerber aus der Votivkirche sind umgehend in Schubhaft zu nehmen und gegebenenfalls mittels Zwangsernährung transportfähig zu machen."

Wie kann man so über Menschen sprechen, die offensichtlich in Not geraten sind? Die Vorstellung, mich in diesem Augenblick etwa in einem Hindu-Tempel oder in einer Moschee hungerstreikend zu verschanzen, will mir nicht in den Sinn kommen. Da müsste schon allerhand passieren. Und nichts davon würde mir Freude bereiten. Diesen Menschen in der Wiener Votivkirche ist offensichtlich allerhand widerfahren. Also: Schubhaft, Zwangsernährung, Abschieben. Dazu womöglich noch Beifall von braven Staatsbürgern. Mir wird kalt.

So viel Leid und persönliches Schicksal wie in der Votivkirche will man offensichtlich nicht sehen. Deshalb schicken wir ja so viel Geld woanders hin. Um „denen da unten" zu helfen. Man kann in unserem System verdammt viel Geld für sinnlose Produkte ausgeben. Man kann aber auch verdammt viel Geld zahlen, um Gutes zu tun – und es dann auch in den Sand setzen. Sogar die Hilfsorganisationen dürften schon Bestandteil unseres konsumorientierten Systems geworden sein. Zumindest stellt sich das so dar, wenn man den Erzählungen von Joe Pichler glaubt. Joe Pichler ist ein Lungauer, der seit mehr als 20 Jahren mit seinem Motorrad durch unwegsame Gebiete rund um den Globus tourt und dann mittels Dia-

Vorträgen und Bildbänden von seinen Erlebnissen berichtet. Jetzt ist er gerade in Afrika unterwegs. Und nirgendwo auf der Welt hat er jemals so eine große Dichte an nagelneuen Fahrzeugen der Sorte Land Cruiser und Luxusautomarken gesehen wie etwa in Juba, einem Zentrum des Südsudans, also in einem der ärmsten Länder der Welt.

Wie es so etwas geben kann? „Die Luxusautos wie Hummer und Q7 gehören den Lokalgrößen. Also jenen, die hier die Geschäfte abwickeln", sagt er. „Die sündteuren Land Cruiser gehören allesamt den Hilfsorganisationen aus der gesamten Welt." Er hat sie alle alphabetisch gelistet. Mehr als hundert NGO-Organisationen. Ein Wunder, dass bei dieser Menge an Helfern und Spendengeld dort unten überhaupt noch jemand leiden muss, denkt man da. Kein Wunder ist es wiederum, dass ein Doppelzimmer in Juba, also dort, wo die Ärmsten der Armen daheim sind, nicht unter hundert Euro zu haben ist. „Die NGOs treiben gegenseitig den Preis nach oben. Wie bei einer Versteigerung", sagt Pichler. Das ist kein Vorwurf. Das ist nur eine Beobachtung, wie das System in fast allen Facetten des menschlichen Miteinanders heute wirkt. Und eine Beobachtung, wie absurd diese Entwicklung bereits geworden ist.

Aber wie sollten wir auch anders? Wie sollen wir sonst helfen? Wie sollen wir uns zur Wehr setzen? Wir haben es nie gelernt. In Österreich weniger als anderswo. Erst nach einem verlorenen Krieg hat es Österreich gewagt, demokratische Gehversuche zu unternehmen. Damals konnten sich auch erstmals Kräfte entfalten, die bis heute noch gestalterisch wirken. Weltweit sogar. Sigmund Freud entdeckte die Psyche des Menschen, Ferdinand Hanusch setzte den sozialen Wohnbau und den Acht-Stunden-Tag für Arbeiter durch. Die Musik wurde von Arnold Schönberg, Alban Berg, Gustav Mahler und Anton von Webern weiterentwickelt. Maler wie Oskar Kokoschka oder Egon Schiele und Philosophen wie Ludwig Wittgenstein vermittelten Aufbruchstimmung in ein besseres Zeitalter. Bis diese Entwicklung quasi im Vorzimmer des Faschismus erneut niedergegrätscht wurde. Dem bereits hausgemachten Ständestaat folgte der „Anschluss" an das Deutsche Reich des „Heimkehrers" Adolf Hitler. Wieder mal eine Bauchlandung. Und ebenso wenig, wie man den „Anschluss" durch Hitler als „Überfall" bezeichnen kann, wurde die Demokratie, in der wir heute leben, von österreichischen Freiheitskämpfern durchgesetzt. Damals flohen österreichische Wirtschaftsflüchtlinge in Scharen in die weite Welt hinaus. Und jene, die daheim geblieben sind, durften sich am Marshallplan als fettes Startkapital für den Wiederaufbau einer funktionierenden Wirtschaft freuen.

Was meldet eigentlich der Newsticker? „Kenianerin auf U-Bahn-Gleise gestoßen. Motiv war Fremdenhass." Prüfen Sie die Chronologie der Ereignisse ruhig nach. Das ist nicht erfunden. Ich schreibe und blicke, wie mit Gutmann vereinbart, alle paar Stunden in den Newsticker. Das passiert alles wirklich. In echt.

Seit dem Ende des Zweiten Weltkriegs ist in Österreich übrigens wieder mehr möglich. Trotzdem weigert man sich hierzulande leider immer noch beharrlich, Querdenker als mögliche „Befreier" zu begreifen. Auf die ist man dann erst stolz, wenn sie im Ausland gefeiert werden. Das sind Persönlichkeiten wie Michael Haneke, auf dessen Qualitäten auch erst die Franzosen aufmerksam wurden. Einen Film Hanekes schaut man sich in Österreich erst dann an, wenn er für mindestens fünf Oscars nominiert wurde. Zuvor ist das alles „irgendwie zu anstrengend", manchmal auch ein bisserl „Nest

43

beschmutzend" – und so etwas tut man eben nicht in Österreich. Bis heute nicht. Einen entlarvenden Blick auf den Umgang mit Freigeistern bot auch das traurige Schauspiel, das nach dem Erscheinen von Thomas Bernhards Buch „Holzfällen" im realen Leben aufgeführt wurde. Der Roman handelte – kurz gesagt – von Natur, Kunst und Künstlichkeit. Bernhard erzählte die Geschichte einer Wiener Abendgesellschaft. Da sich ein Komponist in dem Buch erkannt fühlte, forderte er die Beschlagnahmung der gedruckten Exemplare. Was auch sofort geschah. Gute Idee. Die Österreicher fuhren in Scharen nach Deutschland, um das Buch dort zu kaufen. Das Erste, was sie in „Holzfällen" lasen, war ein Zitat von Voltaire, das Bernhard als Einleitung gewählt hatte: „Da ich nun einmal nicht imstande war, die Menschen vernünftiger zu machen, war ich lieber fern von ihnen glücklich." Die „Frankfurter Allgemeine Zeitung" schrieb später, der Autor und der Kläger hätten sich außergerichtlich geeinigt. Andere Völker mögen sich mit ihrer Gesellschaft auseinandersetzen. Du, glückliches Österreich, einige dich. Und alles geht weiter wie bisher.

Muss man als Österreicher tatsächlich sein Land verlassen, um seine Visionen verwirklichen zu können? Oder reicht es schon, in einer entlegenen Region wie dem Waldviertel halbwegs in Ruhe gelassen zu werden? Weil die Suchscheinwerfer unserer braven Systemerhalter dort nicht so oft hinleuchten.

Sollten Außerirdische in diesem Augenblick die Erde beobachten, sie würden Österreich wohl sogar als Laborexperiment wählen, um zu studieren, wie ein System funktioniert. Wie Menschen mit Fleiß und Zuvorkommenheit daran teilhaben, einem bestehenden System zu dienen. Der Satz von

Voltaire „Der Verstand ist das Schicksal, das uns leitet" gilt in so einem Land als Aufruf zum Ungehorsam – und wird deshalb besser auch an Schulen nicht gelehrt.

Wozu all das heute geführt hat? Die Menschen haben die Orientierung verloren. Sie sehnen sich wieder nach etwas, was wohl am besten mit den Wörtern „Heimat" und „Vertrautheit" beschrieben werden kann. Und die suchen sie jetzt. Wer klug ist, der versucht, den Menschen diese Sehnsucht weitestgehend zu erfüllen. So wie die Macher des wohl erfolgreichsten österreichischen Zeitungsprojekts der vergangenen beiden Jahre. Das ist das Magazin „Servus in Stadt und Land". Darin finden Sie garantiert nichts, was Sie aufregen könnte. Und das ist gut so. Hier wird die Heimat zwar dargestellt, wie sie in der Realität kaum noch wo existiert. Aber träumen wird man ja wohl noch dürfen – in dieser vor lauter Horrormeldungen geprägten Welt da draußen. Auch in Deutschland schaut die Medienwelt verblüfft auf den phänomenalen Erfolg des Magazins „Landlust". Sogar die knallhart recherchierenden Journalisten des Nachrichtenmagazins waren ausnahmsweise einmal ganz sanft und gerührt, als sie dem Magazin „Landlust" einen Artikel widmeten. Da war zu lesen: „Im Garten gackert der Fasan, das Kaminfeuer knistert und Oma repariert den Trecker: Die Zeitschrift ‚Landlust' ist so erfolgreich, weil wir endlich mal unsere verdammte Ruhe haben wollen in dieser Welt. Bevor wir sie für immer verlassen."

Was zeigt uns das? Wer heute auf einfache Lösungen und wahre Werte setzt, wird höchstwahrscheinlich Erfolg damit haben. Erinnern Sie sich? Wer vor 30 Jahren etwa mit selbst gemachtem Saft, Brot und Marmelade als Jause in der Schule aufgetaucht ist, war ein armes Würstel. Ein Loser. Ein Bauernbub. Fast schon ein Vollidiot. Diese Bewertungen kamen von

den coolen Typen, die Cola, Sprite und andere Industriepro-
dukte cool fanden und schon mal bei McDonald's waren.

Vor 30 Jahren dachten sich die Menschen auch nichts dabei, dass sie – wie Karl L. Schweisfurth mit der Altersweisheit
von 84 Jahren so schön formulierte – „schön verpackten Müll
in sich hineinstopfen". Schweisfurth muss wissen, wovon er
spricht. Er baute die Herta-Schlachterei seiner Eltern zum weltweit größten Fleischkonzern auf, bevor er ihn 1987 an Nestlé
versilberte. Er wurde damals quasi vom Industrie-Saulus zum
Bio-Paulus. Auch Schweisfurth hat in den 1980er-Jahren die
Industrialisierung der Gesellschaft als eine Gefahr erkannt, bei
der er nicht länger als Schwungrad fungieren wollte.

Ein Blick auf diese Zeit offenbart die Perversion, mit der
die Industrialisierung vor allem bei der Ernährung der Menschen in den letzten Jahrzehnten zugeschlagen hat. Sie verwandelte die Menschen in eine unbedarft Müll in sich hineinfut-
ternde Armee, die das System am Leben erhält. Der Begriff
„Armee" ist bewusst gewählt. Denn wir werden ernährt wie
Soldaten im Krieg. Hätte der französische König Napoleon III.
heute die Gelegenheit, einen Blick in Ihre Vorratskammer zu
werfen, er würde wohl entsetzt ausrufen: „Mon Dieu! Die sind
schon wieder im Krieg!" Denn da stapeln sich Konserven,
Schokolade, Toastbrot, Kommissbrot, Zwieback, Lebkuchen
und manche haben sogar Erbswurst eingelagert. Das sind allesamt Produkte, mit denen Sie locker durch eine Katastrophe
kommen. Und das Paradoxe daran ist: Wir durchleben ja – zumindest was unsere Ernährungsgewohnheiten betrifft – seit
Jahrzehnten eine Katastrophe. Männer können heute etwa
nahezu jedes Detail eines neuen Automodells beschreiben.
Sie unterhalten sich blendend über PS, Drehmomente und
Dieselpreise. Sie wissen, wie schwer der jüngste Rahmen des

neuesten Mountainbikes ist, und Manager und Versicherungs-verkäufer tauschen untereinander Psychotricks aus, wie es gelingt, ihr jeweiliges Gegenüber zu täuschen, um möglichst viel Profit aus jeder Begegnung zu schlagen. Aber über die In-haltsstoffe ihres eigenen Brennstoffes – ihrer Lebensmittel – haben sie in den meisten Fällen nicht die geringste Ahnung.

Mit Genuss haben diese Produkte freilich nichts mehr zu tun. Aber sie erfüllen eine Funktion. Und zwar jene, trotz wid-riger Umstände durchzuhalten. Was das Beispiel Erbswurst recht eindrucksvoll belegt. Diese hatte großen Anteil daran, dass die Preußen den Deutsch-Französischen Krieg 1870/71 zu ihren Gunsten entschieden. Die Erbswurst darf ohne Zwei-fel als Sündenfall oder – etwas vornehmer ausgedrückt – als Urknall der industriellen Nahrungsmittelproduktion in die Geschichtsbücher eingehen. Die Franzosen hatten damals nicht nur mit den Preußen zu kämpfen, sondern auch mit ihren Mägen. Außerdem waren die französischen Soldaten beim Essen immer recht anspruchsvoll. In französischen Truppen-zeitungen gab es noch während des Ersten Weltkriegs kuli-narische Empfehlungen wie: „Wie zerlege ich einen Hasen, der mir bei der Patrouille vor die Flinte gelaufen ist?" Die Zube-reitung einer Erbswurst dagegen gelänge jedem Kind mühelos. Dabei handelt es sich um in Papier gewickelte Portionstab-letten. Sie bestehen aus Erbsenmehl, Rinderfett, entfettetem Speck, Salz, Zwiebeln und Gewürzen. Diese Tabletten werden zerdruckt, in kaltem Wasser aufgelöst und ein paar Minuten lang gekocht – fertig. Sie können dieses Pioniergericht unter den Fertiggerichten noch heute im Supermarkt kaufen. Para-dox: Nach zwei Weltkriegen und daraus resultierenden zwei Mangelgenerationen leben wir heute im Überfluss. Und was haben wir daraus gemacht? Fertigfutter.

Dass diese Entwicklung System hatte, erkennt man am Siegeszug des Toastbrots. Das wurde im Zweiten Weltkrieg für die alliierten Truppen entwickelt, weil der Nachschub aus Großbritannien und den USA auf das europäische Festland schwierig war. Die quadratische Form wurde gewählt, weil es in den Schiffsbäuchen perfekt gestapelt werden konnte. Die Nahrungsmittelproduktion wurde damals umgestellt. Was im Krieg nur logisch war. Die meisten Männer, die in der Industrie beschäftigt waren, mussten ja an die Front. Ihre Aufgaben hatten daheim fortan die Frauen zu erfüllen. Die waren bis dahin oft in der Landwirtschaft beschäftigt. So wurde die landwirtschaftliche Produktion natürlich schleichend in eine industrielle umgewandelt. Leider wurde sie nach dem Krieg nicht mehr auf den vorhergehenden Stand gebracht, sondern beibehalten.

Noch eindrucksvoller wirkt der Siegeszug der Schokolade in die heimischen Haushalte. Schokolade galt für Jahrhunderte als Luxusprodukt. Bis der amerikanische Produzent Hershey begann, Schokolade mit geringem Kakaoanteil zu produzieren, die mit Fremdfetten ergänzt wurde. Zuerst hatte sie nur die Funktion eines radikalen Energielieferanten. Ein möglicher Werbespruch wäre gewesen: „Schokolade verleiht Prügel."

Nach dem Krieg wurde Schokolade zu Propagandazwecken in Europa verteilt. Die meisten Menschen wissen heute gar nicht mehr, wie die ursprüngliche Schokolade schmeckt. Und diese Entwicklung geht frisch und munter weiter. Der Dokumentarfilmer Martin Hablesreiter berichtete, dass Lebensmitteltechniker derzeit an einer Schokolade tüfteln, die gänzlich ohne Kakao auskommen soll.

Auch die Trockennudeln dürften wir nur den Kriegsgelüsten machthungriger Schlachtenlenker zu verdanken haben.

Bisher wurde vermutet, dass Marco Polo sie von seinen Reisen aus Asien mitgebracht hatte. Heute geht die Wissenschaft aber laut Hablesreiter „mit ziemlicher Sicherheit" davon aus, dass sie von Arabern bereits im achten Jahrhundert bei ihren Raubzügen als Kriegsproviant nach Europa eingeführt wurden.

Die wohl bekannteste Kriegstechnik zur Konservierung von Nahrungsmitteln gibt es schon sehr lange. Wenngleich sie sich erst beim ersten großen Schlachten im Ersten Weltkrieg so richtig durchgesetzt hatte. Das sind die Konservenbüchsen. Die wurden von Napoleon I. bereits 1795 in Auftrag gegeben. Zunächst wurde die Nahrung noch in Gläser gefüllt und haltbar gemacht. Eine durchaus praktikable Angelegenheit, die Bäuerinnen ja auch heute noch mit ihren Einmachgläsern beherrschen. Doch schon 1810 waren die ersten Büchsen im Einsatz. Zum Millionengeschäft wurde diese Technik aber – wie bereits erwähnt – erst im Ersten Weltkrieg, der ohne diese Konservierungstechnik gewiss nicht annähernd so lange gedauert hätte. Aber nicht nur für die Schlachtfelder, auch für die Verpflegung an der Heimatfront wurde eifrig geforscht. Dort lag ja zumeist die Landwirtschaft brach, weshalb Produkte wie Butter nicht mehr in ausreichender Menge erzeugt werden konnten. Seitdem gibt es Margarine.

Bis zur Entwicklung von militärischer Kost, die wir ja heute auch alle wie selbstverständlich in unseren Vorratsräumen gestapelt haben, zogen die Armeen in früheren Zeiten vergleichsweise sorglos ins Feld. Mit diesem Thema hat sich der Historiker Lothar Kolmer intensiv beschäftigt. Damals sei das Motto „Plündern, aber sinnvoll" ausgegeben worden. Die Franzosen hatten dazu speziell ausgebildete Fouragier-Trupps im Einsatz, deren einzige Aufgabe darin bestand, Bauernhöfe um Vieh und Getreide zu erleichtern. Als Beispiel für „sinnvolles Plündern" nennt Kolmer den Dreißigjährigen Krieg. Da sei so lange geplündert worden, bis es nichts mehr zu plündern gab und der Krieg an „Erschöpfung gestorben" ist. Heute muss niemand mehr im Supermarkt plündern. Man kann dort für billigen Schrott auch recht wenig Geld bezahlen. Es ist ja alles immer und überall verfügbar.

Das Plündersystem hatten übrigens auch schon die alten Römer recht gut beherrscht. Da war bei Feldzügen der einzige ständige kulinarische Begleiter der Legionäre eine Paste namens Liquamen. Den Rest stahl man sich eben zusammen. Das Liquamen, das die römischen Soldaten bei Laune hielt, war ein Gewürzkonzentrat, mit dem Fische und Fleisch schmackhafter gemacht werden konnten: der Vorläufer von Ketchup. Gewürze waren schon immer ein wichtiger Baustein, um ein Imperium zu schaffen.

Und woran die industrielle Lebensmittelproduktion schon forscht, das wollen Sie vielleicht gar nicht lesen. Sollten Sie einen empfindlichen Magen haben, überspringen Sie bitte den nächsten Absatz ganz einfach. Denn gleich wird es eklig, sehr eklig sogar. Denn ein Japaner will, wenn schon nicht die Welt, dann zumindest das bestehende System der Nahrungsmittelerzeugung retten. Er bastelt Fleischersatz aus Fäkalien.

Please welcome: der Shit-Burger. Er heißt wirklich so und er besteht auch tatsächlich daraus. Ja. Aus – sagen wir mal – Klärschlamm. Mitsuyuki Ikeda heißt der Mann mit dem Riecher fürs Grobe. Aber es sei ausdrücklich festgehalten: Er verfolgt ausschließlich ein hehres Ziel mit seiner Erfindung. Beauftragt wurde er von der Stadtbehörde in Tokio, den Klärschlamm sinnvoll zu recyclen. Und das hat Ikeda dann getan. Er dachte zunächst lokal, später global und schließlich setzte er seine anrüchige Idee in die Tat um. Dabei fügte er zwei

Fakten zusammen. Erstens: Fäkalien sind reich an Proteinen. Zweitens: Die Viehwirtschaft belastet die Umwelt stärker als Autos. Und Ikeda wusste, dass Exkrementen Eiweiß entzogen werden kann – mit Soja und rotem Farbstoff weiterverarbeitet, schmeckt das dann – „fischig und ein bisschen nach altem Hähnchen", urteilte ein Verkoster. Dieses „Recycling-Fleisch" besteht zu 63 Prozent aus Proteinen der Fäkalien. Es ist – ja – es ist gesund. Die Umwelt wird enorm entlastet. Der Gedanke, dass der Mensch Produzent und Konsument einer Speise ist, die unseren Planeten zu einer besseren Welt macht, darf durchaus als faszinierend bezeichnet werden. Heißt es bald: „Scheißen für die Welt"? Möglicherweise mit Herkunftsangabe? Was für eine Chance! Niemand isst so viele Bio-Produkte weltweit wie die Österreicher. Was für ein Exportschlager: der Bio-Shit-Burger aus dem Alpenland. Warum nicht? Nur die Angst, dass auf diese Idee ein paar Trittbrettfahrer aufspringen und Schaf-bemmerl als Mozartkugeln verkaufen, die besteht weiter.

Auch wenn sich der Shit-Burger von Ikeda mit Sicherheit aus verständlichen Gründen nicht durchsetzen wird: Man erkennt, wohin der Weg dieses Systems führt, wenn man ihn konsequent zu Ende denkt. Wer Karl L. Schweisfurth nicht glaubt, wenn er sagt, wir essen heute schön verpackten Müll, der sollte sich bewusst sein: Es gibt bereits schön verpackte Fäkalien zu essen. Wer Geschichten wie diese sammelt, kommt zu dem Schluss: Auch wenn immer alles läuft, dann läuft doch das meiste oft verkehrt. Das System ist dabei, sich selbst zu plündern. Es persifliert sich. Es bricht auf. An vielen Stellen. Aus diesem Beton wachsen die ersten Pflänzchen.

Krise? Was für eine Chance!

Johannes Gutmann nimmt mich mit hinaus aufs Land. Zu seinen Bauern, wie er sagt. Er liebt sie. Das spürt man. Er hat sie hunderttausendfach auf Werbeplakaten verewigen lassen, auf Prospekten. Er trägt ihre stille Zufriedenheit mit dem, was sie können, und mit dem, was die Natur kann, in die weite Welt hinaus. Wie bunte Ballons in den grauen Himmel des Alltags, in dem die westliche Industriewelt lebt. „Models könnten niemals transportieren, was die Helga ausstrahlt", sagt er. Ein wenig später sitzen wir bei Helga in der Stube. Sie war eine seiner ersten Bäuerinnen. Sie ist stolz, als sie von dem Buch hört, das über all das entstehen soll, was sie vor 25 Jahren begonnen haben. „Hannes", sagt sie und umarmt ihn jetzt freudestrahlend. „Hannes. Wir haben es geschafft." Dann beginnt sie zu erzählen. „Mein Gott", sagt die tiefreligiöse Frau. „Mein Mann hat sich damals nach der Kirche nicht mehr zum Frühschoppen getraut, so schief haben sie ihn ange-schaut, als wir begannen, die alten Kräuter neu zu pflanzen." Die ersten Gehversuche auf diesem Gebiet gelangen mehr schlecht als recht. Die Akzeptanz dieser Kräuter sei einfach noch nicht da gewesen. Und dann war es ausgerechnet das alte System der Landwirtschaft, das Gutmann und seiner Idee An-schubhilfe leistete. „Die wollten damals Fördergelder ein-sparen", erinnert sich Gutmann. Wer einen Hektar Roggen weniger anbaute, der half dem Staat, 20.000 Schilling zu sparen. Dann begannen eben immer mehr, diese seltsamen

Kräuter zu pflanzen. „Nach der ersten Ernte gab es im Waldviertel dann auf einmal Berge Sonderbares – mit denen wusste
zunächst niemand so richtig was anzufangen." Er habe sich
sofort dafür interessiert: „Das war klass. Da hab' ich sofort
gemerkt – da kann ich was Neues lernen. Von den alten
Kräutern."

In der Bio-Szene war Gutmann vor 25 Jahren schon recht
gut vernetzt. Nur das Auftreten der Protagonisten von damals
war ihm etwas fremd. „So mit den Jesus-Patscherl und dem
Lebensgefühl, das diese Bio-Läden ausgestrahlt haben, konnte
ich mich nie anfreunden", sagt er. „Da wurden endlich wieder
mehr sinnliche Lebensmittel produziert – und inszeniert wurden
sie wie Medizin in einer Apotheke. Da hat ja jeder potenzielle
Kunde geglaubt, er müsse krank sein, wenn er hier einkauft."
Während er so erzählt, fällt mir ein Text des deutschen Lieder-
machers Hannes Wader aus den 1980er-Jahren ein. Das Lied
heißt „Ankes Bio-Laden". Darin singt er: „Anke schweigt in
ihrem knöchellangen kackebraunen Rock – bleich und weg-
getreten, fast wie unter einem Schock. Neben ihr steht jemand –
ihre Mutter, nehm' ich an. Ist dann doch nicht ihre Mutter –
nein, es ist ihr Mann. Und anstatt nach knackig frischen
Kräutern riecht die Luft – dumpf und abgestanden, beinahe
wie in einer Gruft …"

Die Bio-Szene verströmte in ihren Anfangsjahren tatsächlich eher einen missionarischen Eifer. Hatten schon mal
interessierte Kunden den Weg in die ersten Läden gefunden,
dann hätten diese – so singt Wader in seinem Lied weiter –
das Gefühl gehabt, dass sie in jener Vollkorn-Atmosphäre mit
ihrem „Aasgeruch" von „Fleischfressern" stören würden. In
diesem behäbigen und selbstgefälligen „Bio-Karpfenteich" hat
sich Gutmann von Beginn an flink und frech wie ein Hecht

bewegt. Eher wie ein Geist der Aufklärung. Gutmann hatte ein gänzlich anderes Bio-Bild vor Augen: Für ihn war Bio nicht nur damit verbunden, dass diese Produkte gesund sind. Diese Erkenntnis müsse er nicht betonen, dachte er. Sie sei im Hausverstand der Kunden ohnehin festgelegt. Ihm war klar, dass er das einbetonierte Kaufverhalten der Menschen nur mit Freude, Humor, Leidenschaft und Sinnlichkeit aufbrechen konnte. Er spürte instinktiv, dass ein sorgfältig nach menschlichen und natürlichen Prinzipien produziertes Lebensmittel den größten Wert besitzt, den sich die Menschen wünschen: nämlich einen wahren Wert. Er beschloss also, aus Tee ein emotionales Produkt zu machen, das jeder haben möchte: „Weil es ja auch wirklich super ist." Bis dahin war es üblich, einen Tee trinkenden Menschen mit den Worten „Da schau her – bist du krank?" zu begrüßen. Seine Saat ging auf. Heute gilt jemand, der Tee trinkt, als ein mit allen Wassern gewaschener Genießer.

Und dennoch war es ausgerechnet eine unvorhersehbare Katastrophe, die Gutmann dann in die Hände spielen sollte, um seine Idee auf gesunde wirtschaftliche Beine zu stellen. Das war der atomare Supergau von Tschernobyl. „Da haben die Bauern natürlich gejammert und die Krise ausgerufen. Weil ihre Ware verstrahlt war. Aber wir hatten ja im Waldviertel noch diese Berge Sonderbares in den Lagerhallen. Das war schon geerntet. Und deshalb garantiert nicht verstrahlt." Die Händler waren außer sich vor Freude. Und dafür bezahlten sie auch einen guten Preis. Das war Gutmanns Starthilfe für die nächste Saison.

Helga bekommt jetzt Besuch von ihren Söhnen. Sie waren auf Exkursion in Deutschland und haben sich ein paar Betriebe angesehen. Es wird gefachsimpelt. „Die konnten mir nicht erklären, warum dieses Produkt noch Bio sein soll, nachdem sie ja das andere Zeug auch in der Halle stehen haben", sagt einer. Sie kennen sich aus. Auch das ist dem kompromisslosen Qualitätsdenken von Gutmann zu verdanken. Wenn er die Ernte eines Bauern kontrollieren lässt, der so treu dreinschaut, dass man ihm auf der Stelle Haus, Hof und Familie anvertrauen würde, dann könnte man fast Mitleid mit ihm kriegen. Aber das Vertrauen in seine Produkte geht Gutmann über alles.

All das komme wohl auch aus seiner Familie. Und das sei womöglich schon die erste Krise seines Lebens gewesen, der er ebenfalls sehr viel zu verdanken habe. „Ich wollte meine Eltern nur ja nicht enttäuschen. Und so richtig froh waren die nicht darüber, dass der Bub auf einmal mit so einer schrägen Idee daherkommt", sagt er. Und trotzdem habe er in dieser Zeit von seinen Eltern gelernt: „Verstehen, vertrauen, in Ruhe lassen. Dann wird das schon. Und wenn nicht: Dann kann ich immer noch jeden Tag auf einen Teller Suppe vorbeikommen." Eine emotionale Tankstelle sei sein Elternhaus stets gewesen, erinnert er sich. Aber die ständige Sorge der Eltern habe ihn auch oft runtergezogen. Wenn etwas von Beginn an nicht so gelaufen sei, habe er sich in Gedanken an seine Eltern gefragt: „Hab' ich was vergeigt?" Dann habe er sich eben umso mehr bemüht. „Es ging dann halt manchmal langsamer – anders eben. Und es gibt ja auch immer einen zweiten Weg, wenn du wo anstehst. Und wenn der Weg auch nix ist, dann musst du alles noch mal von der anderen Seite anschauen. Es geht immer weiter, glaub mir", sagt er. Das klingt ein bisschen nach Oscar Wilde. Der stellte einmal fest: „Am Ende wird alles gut. Und wenn es nicht gut wird, ist es auch nicht das Ende."

Das drohende böse Ende stand Gutmann schon im ersten Jahr vor Augen. „Da hatte ich gleich meine erste wirtschaftliche Krise – und was für eine", denkt er zurück. „Als Unternehmer musst du ja ständig Entscheidungen treffen. Und meine erste war ein Desaster." Er hat das falsche Verpackungsmaterial bestellt. Mit einem Schlag habe er das halbe Gründungskapital in den Sand gesetzt. „Da dachte ich kurz: Jetzt wird's knapp." Die Eltern waren auch nicht amüsiert. Originalzitat: „Wir haben dir es eh immer gesagt: Hör auf mit dem Blödsinn." Es seien viele Kleinigkeiten gewesen, die sie für einen Blödsinn gehalten hätten. Seine Kleidung etwa. „Damit habe ich im bestehenden Wertesystem ja eher als Kasperl gegolten. Materiell hat meine Kleidung nie einen Wert repräsentiert. Aber das wollte ich ja: Unverwechselbarkeit. Manager mit Anzügen kannst du in den Städten an jeder Straßenecke aufklauben", sagt er auf dem Rückweg nach Sprögnitz.

Seine Frau ist nicht daheim. „Sie arbeitet heute in unserem Sonnentor-Geschäft in Zwettl. Taugt ihr total." Gutmann hat heute so etwas wie einen Feiertag. Er darf sich um seine 24 Monate alte Tochter Lea kümmern. Wir holen in der Betriebskantine das Essen ab. Sein Haus befindet sich nur ein paar hundert Meter davon entfernt. Vor dem Haus steht ein E-Mobil von Renault in flottem Design. Lea quietscht vor Vergnügen. Auch das würde von manchem Manager als kleine Krise bewertet werden: Wenn er mitten in einem Termin damit konfrontiert wird, sich um sein Kleinkind kümmern zu müssen. Hollywood machte aus solchen Situationen abendfüllende Filme. Weil so eine Kleinigkeit einen Manager in unserem System in ärgste Turbulenzen bringt. Im Alltag eines Managers ist da viel vorgesehen: Besuche von Events etwa, Geschäftsessen sowieso. Aber ein Kleinkind an der Seite? Während man einen Termin hat? So eine Situation stellt für Gutmann keine Krise dar – eher eine positive Überraschung, mit der er nicht gerechnet hat. Er betrachtet diese Situation als seine ganz persönliche

Freude: ein Geschenk, das ihm der Zufall heute in die Hände gespielt hat. Ich – also sein Termin – sitze jetzt eben mit am Tisch und lasse mir von der kleinen Lea erklären, dass in der Suppe Sellerie und Karotten sind und sie in Kürze nicht im Traum daran denke, ihren Mittagsschlaf abzuhalten.

„Dieses Verwurzeltsein ist wichtig. Nicht nur für die Kinder, auch für die Erwachsenen", meint Gutmann. Wir löffeln die Suppe. Sie ist vorzüglich. Diese Behaglichkeit des gemeinsamen Essens schafft emotionale Nähe. Auch das wird heute viel zu oft vergessen. „Verstehen, vertrauen, in Ruhe lassen – dann wird das schon", sagt er jetzt noch mal augenzwinkernd zu Lea. Die Suppe ist ausgelöffelt. Lea wird langsam müde.

Solche Situationen sind in vielen Familien leider schon ausgestorben. Der moderne Mensch stopft sein minderwertiges Essen nicht selten im Gehen in sich hinein.

Lea lässt sich jetzt sanft überreden, sich doch noch ihrem Mittagsschlaf zu widmen. Gutmann bringt sie zu Bett. Als er zurückkommt, erzählt er von seiner zweiten Krise. Dabei war es ein durchaus freudiges Ereignis, das diese auslöste: „Meine erste Frau wurde 1989 schwanger. Das war der Overflash", sagt Gutmann. Er hatte Angst. „Ich war ja wirtschaftlich nicht gefestigt. Und der Kreditzwang noch dazu. Na servus. Jetzt geht's nass rein", sei sein erster Gedanke gewesen. Als Ernährer einer zu gründenden Familie gerät man da stark unter Druck. „Was ich damals verdient habe, das war für meine Frau und mich eigentlich mehr als dürftig. Und jetzt noch die Verantwortung für eine Familie. Ich hatte Angst, zu versagen. Dass jetzt nicht nur die Firma, sondern in der Folge auch noch die Familie den Bach runter geht."

Aber dann tat er eben, was er tun musste – menschlich betrachtet: „Ich habe ein kleines Haus in Zwettl gekauft.

70 Quadratmeter." Was gleich die nächste Krise gewesen sei. „Der Nachbar war ziemlich – sagen wir mal – unzufrieden mit der Welt, die ihn umgab, und ich hatte ihn im Verdacht, dass er auch ein wenig unzufrieden mit sich selbst war. Und mit uns im Speziellen sowieso. Wir waren ja die komischen Leute mit den seltsamen Kräutern." Außerdem war Zwettl kein leichtes Pflaster für einen jungen Gewerbetreibenden unter all den alteingesessenen Kaufleuten. „Mit meiner kleinen Familie, meiner kleinen Firma und meinem winzigen 70-Quadratmeter-Haus kam ich mir da schnell wie ein Außerirdischer vor."

Ich schaue wieder mal in den Newsticker meiner Zeitung. „Innenministerin Mikl-Leitner wird den Forderungen der Asyl-Camper in der Votivkirche nicht nachkommen."

Gutmann macht es sich jetzt auf der Couch in seinem Niedrigenergiehaus bequem. Er erzählt von den Kaufleuten in Zwettl. „Denen ging's gut. Aber Interesse für Neues, für Anderes? Da war weitgehend Fehlanzeige." Schlimm? „Im Gegenteil. In so einem Fall hadert ein Unternehmer normal damit, dass seine Vision nicht verstanden wird. Es kann auch sein, dass er glaubt, seiner Zeit weit voraus zu sein, und dann ergibt er sich nicht selten seinem Selbstmitleid." Gutmann hatte damals keine Zeit, über so etwas nachzudenken. „Ich dachte nur darüber nach, wie ich meiner Familie eine würdige Existenz sichern kann", sagt er.

Dazu hätte es aber eines gesunden Kundenstocks in Zwettl bedurft. Doch den hatte er hier nicht. Die nächste Krise? Ja, schon – irgendwie. Aber andererseits: „Ich hatte ja ein Zuhause für unsere Familie. Gesund waren wir auch alle." Wie ging es weiter? Gutmann überlegt kurz. „Ich habe mich nicht großartig über die mangelnde Akzeptanz in Zwettl damals beschwert. Und dann muss ich ganz ehrlich sagen: Mir gefiel plötzlich der Gedanke, dass man manchmal etwas weiter fortfahren muss, um daheim bleiben zu können."

Gutmann begann sich in Österreich umzusehen. „Ich war intensiv unterwegs, um die Fachmärkte zu besuchen. Irgendwo musste es ja wohl Käufer für meine Produkte geben", sagt er. So betrachtet, war Gutmann auch schon mal eine Art Wirtschaftsflüchtling. Wenngleich auch auf keinem vergleichbaren Niveau mit den Asylanten, die in der Votivkirche auf die Unmenschlichkeit unseres Systems hinweisen wollten. Wer zieht eigentlich die Grenzen, ab wann jemand ein Wirtschaftsflüchtling ist? Ist er das, wenn er den Kontinent wechselt? Den Staat? Das Bundesland? Die Gemeinde womöglich? Gutmann hätte seine Vision aufgeben können. Sich anpassen, an die Zwettler Gegebenheiten von damals. So zu werden wie alle. Dann würde Zwettl heute anders aussehen. Dann würde auch der gesamte Bio-Fachmarkt heute anders aussehen. Wie hat Martin Luther der Legende nach gesagt? „Hier stehe ich – ich kann nicht anders." Bei Gutmann ist es gewiss keine Legende. Hier stand er – und er konnte nicht anders, als sich zu bewegen. Sich zu bewegen und damit etwas zu bewegen. Es ist ein Märchen, dass Einzelne nichts bewegen können. Der Macht des Einzelnen war sich schon der antike Mathematiker Archimedes bewusst: „Gib mir einen Punkt, auf dem ich stehen kann, und ich werde dir die Welt aus den Angeln heben." Für Gutmann war dieser Punkt ausgerechnet Zwettl, ganz oben im Waldviertel. Dieser Punkt war seine Heimat, wo er sein Urvertrauen erlangt hat. Von seinen Eltern, von Freunden, von der Natur, die ihn umgab.

Das Wort „Trotz" hatte ja vor wenigen Jahren zumeist noch eine negative Ausstrahlung. Jemandem, der trotzig war, wurde unterstellt, er sei ein Querulant, also jemand, der Sand in das gut geölte Getriebe des Systems streuen möchte. Heute haben immer mehr Menschen bei dem Wort „Trotz" ein gutes Gefühl – wenn sie es hören. Das Wort klingt nach Widerstand. Und den wünschen sich offenbar mehr.

Gutmann hat in den österreichischen Bio-Fachmärkten immer seine Geschichte erzählt. „Was ich tue. Was mir vorschwebt", sagt er. Die Unternehmer in den Bio-Läden waren beeindruckt. „Das waren alles so Inseln damals. Auf ganz Österreich verteilt", meint Gutmann. Dort habe er gewusst, dass seine Idee am ehesten auf fruchtbaren Boden fallen muss. „Klasse. Das gefällt uns", zeigten sich die Ladenbesitzer dann auch begeistert, als er mit seinen Produkten in der Tasche bei ihnen aufgetaucht war. Man hat sich diesen Typen natürlich gemerkt und von ihm erzählt. Allein schon wegen seines Outfits war er als Gesprächsthema geeignet.

Den Satz, den er damals am liebsten gehört habe, als er mit seinen Kräutern, Gewürzen und Tees auf Reisen ging, lautete: „Lass was da." Er ließ fast immer etwas da. Die wichtigste Erfahrung, die er in seiner Phase als „Zwettler Wirtschaftsflüchtling" gemacht hat, war: „Ich muss nicht auf dem Bauernmarkt stehen, um meine Produkte zu verkaufen. Das verkauft sich auch ohne mich." Seine Produkte kamen von Beginn an gut an. Weil sie sich vom Design her abgehoben haben. „Das einheitliche Etikett kannten die noch nicht in dieser Konsequenz", sagt Gutmann und holt zwei Flaschen Bier aus der Küche. Er nimmt einen kleinen Schluck, schließt kurz die Augen und schaut aus dem Fenster in seinen Garten: „Manchmal hilft es, wenn man daheim nicht weiterkommt. Dann denkt man weiter. Daraus wurde diese einzigartige Geschichte", fährt er lächelnd fort. Es tut ihm sichtlich gut, wieder mal die alten Geschichten hervorzuholen. Auch wenn sie ihn an eine nicht unbedingt angenehme Zeit erinnern. Die Wurzel einer Idee ist und bleibt für ihn das Wichtigste. Dieser Zeit sollte man sich auch stets bewusst sein. Erst recht, wenn die Äste, Zweige, Blätter und Blüten in alle Richtungen streben.

„1991 wurde meine 70-Quadratmeter-Bude wegen des wirtschaftlichen Erfolgs dann doch allmählich zu klein. Alles hat sich plötzlich schneller gedreht. Es hat sich was getan. Das haben auch die Nachbarn in Zwettl mitgekriegt. Und es dürfte ihnen nicht gepasst haben." Er hat sogar ein bisschen Verständnis dafür: „Ich war einfach zu umtriebig. Ließ mir nicht dreinreden. Das hat die Leute wahrscheinlich ein bisserl verstört." Aber er hätte damals auch nicht anders handeln können. Weil ja jedes Dreinredenlassen ein Abkommen von seinem Weg gewesen wäre. „Die Zwettler stehen ja total auf Gewerbebetriebe", stellt er fest. „Aber meiner schien ihnen immer suspekter zu werden." Und dann habe er sich auch noch – schwerer Fehler – gemeindepolitisch engagiert. Gutmann kandidierte für die Bürgerliste. Nächster schwerer Fehler. Oder eben nicht. Denn er wollte sich einbringen. „Aber meine Ideen waren nicht erwünscht", meint er – und dann sei er richtiggehend bekämpft worden. Eines habe er aus dieser Zeit in der Gemeindepolitik gelernt: „Da brauchst du dich nicht einbringen. Da ist alles schon eine vorab beschlossene Sache." Wie er dann bekämpft worden sei. „Schlag auf Schlag", sagt er. „Ich erhielt eine Anzeige wegen Geruchsbelästigung. Stimmt. Meine Kräuter haben gerochen." Dann bekam er eine Anzeige wegen Lärmbelästigung. „Stimmt. Der Lieferwagen kam zweimal am Tag zu meinem Haus", gibt er freimütig zu. Irgendwann wurde es ihm zu viel. „Ich habe mir gesagt: Okay. Wenn die mich hier nicht wollen, dann gehe ich eben weg." So etwas ist durchaus keine angenehme Geschichte für eine junge Familie. Aber in diesem Fall hat Gutmann Martin Luther einfach umgeschrieben: „Hier bleibe ich stehen – und ich kann auch anders."

Der Zufall hat ihn dann nach Sprögnitz geführt. In das kleine Dorf unweit von Zwettl, wo er diesen desolaten Bauernhof um 45.000 Euro gekauft hat. „Durch dieses Loslassen von Zwettl sind plötzlich 10.000 Türen aufgegangen", sagt er. Gut: Sein Vater sah das anders. „Bua, du bist ein Trottel", hat er zu seinem Sohn gesagt – während er ihm half, die alten Steine auf dem Hof auszuklauben. „Er hat es nicht verstanden. Aber er hat es akzeptiert", erinnert sich Gutmann. Urvertrauen können also auch Eltern gegenüber ihren Kindern haben. Ein Bauplatz vergleichbarer Größe hätte in Zwettl 500.000 Euro gekostet. „Diese Krise hat mir geholfen, enorm viel Geld zu sparen", erkennt er jetzt. Und dass er nur im Kopf kurz ausgerechnet habe, wie oft er bei dem Differenzbetrag zu den 45.000 Euro hin- und herfahren könne. Das war 1992.

Gutmann genoss in Sprögnitz zunächst vor allem, dass er jetzt endlich mal seine Ruhe hatte. „Und die Ruhe ist eine starke Kraft, die Konzentration möglich macht und neue Ideen spinnen lässt." Anfangs habe er manchmal im Winter nur aus dem Fenster geblickt und sich gedacht: „Super. Es schneit. Klass." Er habe auch schnell rausgefunden, dass im Dorf die Uhren anders gehen. „Im Dorf hatte ich sofort eine andere Anbindung", stellt er im Rückblick fest. „Eine kräftige Wurzel war das. Und wo passt ein Projekt besser hin als in so ein Dorf." Sicher. Auch im Dorf hätten sich manche gefragt, was der da überhaupt vorhat. „Aber die waren trotzdem froh, weil sie Angst hatten, die Hütte könnte ein Zigeuner kaufen. Ich wurde also zunächst mal geduldet und in Ruhe gelassen." Es lief eigentlich recht gut – in seinen Augen. „Meine Ex-Frau hat das damals nicht so gesehen. Sie wollte nie ins Dorf. Sie wollte in der Stadt bleiben", sagt er. Jetzt muss er kurz lachen: „Weißt du, da gab es damals einen Stadtsandler in Zwettl. Der kam ausgerechnet aus Sprögnitz. Das war ein Bauer, der nicht mehr Bauer sein wollte." Sogar der hat damals festgestellt: „Wenn du in der Stadt bist, dann willst du nicht mehr aufs Land." Ein Sandler für Zwettl vom Land, dafür schickt Zwettl einen Unternehmer aufs Land. Ob das nicht ein guter Lastenausgleich sei, frage ich Gutmann. Er lacht. „So hab' ich das noch gar nicht betrachtet", antwortet er. Und dass er damals im Dorf irgendwann einen Satz von Konfuzius gelesen habe. Nach dem begann er fortan sein Handeln auszurichten. Der lautete: „Sei wie Wasser. Das passt in jede Hand – und ist so stark, dass es Landschaften formen kann." Gutmann hatte seinen Platz gefunden. Und dieser Platz bot ihm Raum für seine Expansion.

1992 ging es dann so richtig los. Die „alte Hütte" hat er aus eigener Kraft renoviert. „Dann begann ich mit den ersten Exporten. Nach Deutschland, dann in die Schweiz, 1994 hatte ich schon Kunden in Italien. Der österreichische Markt wurde mir zu klein. Vor allem in Italien wurde meine Philosophie sehr schnell verstanden." 1996 habe er dann einen Händler aus Japan beeindruckt. „Der hat sich vor meinen Bauernbildern niedergekniet. Er hat die Botschaft sofort begriffen. Er hatte auch dieses Gespür, was Menschen wirklich brauchen." Gutmann exportierte das Bild der kleinen Einheiten gleich mit, die er in die Welt hinaustragen wollte. „Ich dachte, wenn das in Japan geschätzt wird, dann wohl überall auf der Welt." Dann kam der EU-Beitritt. „Da ging es plötzlich eher um diese riesigen Sachen, um riesige Felder, Maschinen und riesige Traktoren." In dieser Welt fühlte er sich nicht daheim. Gutmann gab eine andere Devise aus. Die war vollkommen gegen den Zeitgeist ausgerichtet: „Wir brauchen keine großen Maschinen. Wir brauchen Hände und Leute. Leute, von denen und mit denen wir leben können." Damals habe er vielleicht erstmals so richtig die Zukunft erkannt, erzählt er weiter. Weil er die Strukturen erkannt habe. „Die Zukunft erkennen – das ist zu erkennen, was du in Zukunft nicht brauchst", sagt er. Das sei auch „Schiffbrüche zu ahnen" und deshalb auf diesen Schiffen, diesen System-Tankern gar nicht erst mitzufahren. Und dann trafen auch die Rückmeldungen der sogenannten kleinen Konsumenten ein. „Die waren wie Schmieröl für mein Werkl." Und die wichtigsten Rückmeldungen seien stets von den Hausfrauen gekommen. „Die kennen sich mit solchen Produkten aus. Da brauche ich kein Marktforschungs- oder Trendforschungsinstitut, wenn ich einer Hausfrau und Mutter zuhöre, was sie gerne in ihrer Küche hätte."

Schön langsam wurden die Krisen in seiner Unternehmensgeschichte weniger. Es lief einfach von allein. Und dass seine Firma Schritt für Schritt und vor allem gesund gewachsen sei, das führt er auch auf das Landleben zurück. „Schau", sagt er. „Was ich investiere, das kann ich mir leisten." In so einer Phase des Wachstums dürfe man eben nie die Bodenhaftung verlieren. „Ich habe immer auf meine Art klass gelebt", meint Gutmann. „Diese Autos und Luxusurlaube, die sich Unternehmer so rausnehmen, das habe ich nie gebraucht." An so etwas denke man auf dem Land ja nicht einmal. „Ist eh alles da, was sich die im Urlaub wünschen. Ruhe, Entspannung und dieses Einssein mit der Natur. Warum sollte ich irgendwo hinfliegen, um so was zu erleben." Da darf man ihn nicht falsch verstehen. Gutmann kam und kommt immer noch weit herum. Kürzlich war er bei Lieferanten in Indien. Er hat sich dort über die Vanilleproduktion informiert. „Ein Hund an der Kette hat ja immer nur das Gleiche zu bellen", weiß Gutmann. Er reist, um sich zu bilden. Nicht, um sich darauf etwas einzubilden. „In diesen geschniegelten Kreisen war ich ja nie. Hätte wohl auch seltsam gewirkt, mit meiner Lederhose und meinen roten Waldviertler Schuhen", sagt er augenzwinkernd. „Ich bin draußen geblieben", sagt er noch mal. „Aus diesen Uni- und FH-Kreisen oder irgendwelchen geschnäuzten Controller-Aus-bildungs-Welten." Dieses Fehlen in der Welt der Schönen und Reichen würde für manchen schon wieder eine kleine Krise bedeuten. Wie war das noch mal in der TV-Serie „Kir Royal" von Helmut Dietl, als Mario Adorf in der Rolle des Herrn Haffenloher Münchens Society-Reporter mit seinem Erfolg beeindrucken wollte? „Mein Name ist Haffenloher. Ich mach' in Kleber. Und ich scheiß' dich zu mit meinem Geld." Wer so auftritt, bleibt als Hampelmann in Erinnerung. Und Gutmann?

Der sagt jetzt – auf seiner Couch –, dass gesundes Wachs-tum in der Wirtschaft schnell erklärt ist: „Es geht um Aus-lastung. Es geht um harte Zahlen und nicht um Leute, die dir sagen, wie gut du bist. Es geht darum, sich vom System nicht mitreißen zu lassen." An der Uni würden sie jetzt in der ersten Reihe brav mitschreiben. In den hinteren Reihen auch. Und auswendig lernen. Wahrscheinlich würden es die meisten Studenten trotzdem nicht kapieren. Gutmann hat gesagt, er habe das „inwendig gelernt". Wer auswendig lernt, bewerbe sich nur als Systemerhalter, als kleines Zahnrad des Systems. So etwas könne er nicht brauchen in seiner Firma. „Wir müssen Kreisläufe werden", fordert er jetzt, „keine Zahnräder."

Er sei ja auch schnell draufgekommen, dass er in seinem Betrieb niemanden einstellen wollte, der aus der Branche stammte. „Das habe ich einmal getan. Ich sag dir's: Der hat mir zwei Monate lang jede meiner Ideen nicht mal hinter-fragt – die sind an ihm abgeperlt. So einer sagt immer nur, dass das schon immer so gemacht wurde. Da werde ich ganz narrisch, wenn ich so was höre." Und er sei sich eben sehr schnell sicher gewesen, dass er auf dem richtigen Weg ist. „Wozu brauch' ich da einen Bremser aus dem alten Lebensmittelsystem an meiner Seite?" Seitdem fahre er großartig mit Quereinsteigern. „Da rührt sich was. Da geht es zwar manchmal drunter und drüber. Aber zum Schluss kommt immer was Gescheites raus, das noch dazu allen Beteiligten Spaß macht."

Die Bilanzen wurden bei ihm also immer beeindruckender. Wirtschaftsmagazine begannen seine Firma als „zukunftsfähiges Wirtschaftskonzept" hochzujubeln. Der Gutmann, der Öko-Spinner ist also nach Jahren des „Belächeltwerdens" zukunftsfähig geworden. Dann kamen die Auszeichnungen. „Bestes mittelständisches Unternehmen", „Österreichs Unternehmer des Jahres", Ernst & Young nominierte ihn für „Entrepreneur of the World", er erhielt den österreichischen Klimaschutzpreis – in der Tonart geht es dahin. Seit Jahren. Und Wirtschaftstreuhänder bezeichnen ihn heute als „Maßstab".

Darauf angesprochen, meint Gutmann: „Aha. Danke. Freut mich. Magst du noch ein Bier?" Dann erinnert er sich, als er im Vorjahr als Österreichs Vertreter zur Wahl des „Entrepreneur of the World 2012" gefahren und in einem Luxushotel bei der Gala neben dem russischen Vertreter gesessen ist, der immerhin schon 30.000 Mitarbeiter hat. „Mich hat das schon interessiert", sagt er. „Da wollte ich wissen: Wie tickt die Welt? Wer sind die anderen Unternehmer aus den anderen 50 Ländern?" Dass er nicht weltweit zum „Unternehmer des Jahres" ausgerufen wird, sei ihm schon im Vorfeld klar gewesen. Dem Russen an seinem Tisch leider nicht. „Der war echt angefressen. Uiuiui", staunt er. „Aber weißt du, wer der Star des Abends war?", fragt er noch mit einem lässigen Augenzwinkern. „Du?" – „Nein", antwortet er mit einem breiten Grinsen. „Meine Lederhose." Nach der hätten sich wirklich alle umgedreht. „Ich habe so gut wie alle 50 ‚Unternehmer des Jahres' kennengelernt. Mit dem Alessandro Benetton habe ich mich noch länger unterhalten. Er hat mich gefragt, ob ich ihm das Schnittmuster meiner Lederhose verkaufen würde." Vielleicht kommt Benetton bald sogar ins Waldviertel, um Urlaub zu machen. Benetton fährt im Winter gerne in die Alpen zum Langlaufen. „Ich habe ihm das Waldviertel schmackhaft gemacht, weil ich ihm erklärt habe, dass man bei uns nicht immer rauf und runter langlaufen muss, sondern vor allem wirklich ganz, ganz lang und auch ziemlich weit langlaufen kann. Das hat ihm gefallen."

Was er von dieser Gala aus Monaco mitnimmt? „Es ist gut, dass ich diesen Fleck Erde jetzt auch mal gesehen habe", sagt er. „Diese Stadt verdichtet nämlich schon sehr viel von dem, was den Schein über das Sein stellt."

Aber auch in der Bio-Szene müsse man höllisch aufpassen, dass die Krämerseelen nicht mit ihren Aktenbergen Einzug halten und einen guten Kreislauf mit systemtechnischen Massenvernichtungswaffen bedrohen. „Im Bio-Bereich kann man heute, wenn man will, auch reich werden, wenn man nur Zertifikate verkauft. Kein Spaß. Das stimmt", erklärt er. Denen sei es egal, ob das eine Herzensangelegenheit ist. „Da wird dir dann ein Zertifikat für drei Jahre ausgestellt und was du in diesen drei Jahren als Unternehmer tust, das ist denen dann auch schon wieder egal. Hauptsache, sie haben kassiert." Eine schöne Definition etwa habe der Kärntner Greißler Herwig Ertl für sein Geschäft in Kötschach-Mauthen gefunden. Der sagt, dass Bio bei ihm für „Bin in Ordnung" steht. „Wenn nur noch der Geldbeutel zählt, dann wird das nix." Denn wer Erfolg bloß „geldmäßig" bewerte, der habe die positive Energie nicht mehr, die tatsächlich etwas bewegt. „Und Erfolg haben wir ja nur, wenn wir unsere positive Stimmung rausbringen", sagt er. Dabei stünden sich viele Chefs oft selbst im Weg. Wenn man mit Menschen zu tun habe, sollte man sich täglich fragen: „Ist die gute Stimmung noch da?" Und vor allem: „Bringt ihr eure positive Stimmung auch richtig raus? Oder fließt die vor lauter Frust unter der Tür hinaus?"

Das sei eines der wichtigsten Probleme in vielen Firmen: Dass die Chefs die positive Energie ihrer Mitarbeiter ignorieren. Oder dass sie diese Energie sogar vernichten: „Weil sie sich von dubiosen Stellen außerhalb der Firma bewerten lassen. Frauen unterstellt man ja oft, dass sie viel zu viel darüber nachdenken, was andere Frauen über sie denken. Da bin ich mir nicht sicher, ob das stimmt. Bei den meisten Firmenchefs unseres Wirtschaftssystems ist das aber mit ziemlicher Sicherheit der Fall."

Lea ist jetzt munter geworden. Sie denkt, sie braucht jetzt die Aufmerksamkeit von uns beiden. Lea kann sie haben. Liebend gern.

Vor dem Rückweg in mein Waldviertler Hotel verzichte ich jetzt ausnahmsweise mal auf den Newsticker und schaue in meinem Smartphone auf Wikipedia nach: Und zwar, was das Wort „Krise" überhaupt bedeutet. Aha. Das ist interessant. Da steht: „Die Krise (Alt- und gelehrtes Griechisch κρίσις krísis ursprünglich ‚die Meinung', ‚Beurteilung', ‚Entscheidung', später mehr im Sinne von ‚die Zuspitzung')". Da steckt ja alles drin, wie man eine Krise zu bewältigen hat: eine Meinung bilden, beurteilen, entscheiden. Dieser Gutmann hat offenbar ständig die Krise – und das gefällt ihm auch noch. Trotzdem – oder gerade erst deshalb.

Angst frisst Seele

Wieder zurück in Salzburg. Broterwerb. Ich habe einen Termin mit einem Event-Veranstalter. Er will mir erklären, wie er die Salzburger Altstadt beleben will. Damit will er dann in die Zeitung. „Beleben" ist diesbezüglich ein komisches Wort. Wäre die Altstadt von jemandem für tot erklärt worden, dann müsste es „wiederbeleben" heißen. Das würde auch bedeuten, dass die Altstadt mal gelebt hat. Und das hat sie ja nie. Es waren immer die Menschen, die etwas belebt haben: Menschen belebten die Gassen, die Plätze, die Häuser. Aber jetzt ist eben seit Jahren „beleben" angesagt. Mit Events.

In der Altstadt kurvten im Winter schon Skilangläufer durch die Gassen, im Sommer wurde Basketball gespielt und von einem Radio-Sender Kunstrasen auf dem Residenzplatz verlegt, um Picknick auf dieser Gstätten vor dem Dom machen zu können. Fällt ein Fußball-Großereignis wie WM oder Euro an, dann wird natürlich eine Riesenleinwand aufgebaut, und alle Jahre wieder wird sowieso ein Eislaufplatz auf dem Mozartplatz gestaltet – mit Chemie-Klosetts zu Füßen des Mozartdenkmals. Das künstliche Eis wurde erstmals durch Kunststoff ersetzt. Soll auch funktionieren – hieß es. Hat es nicht. Kaum jemand wollte mehr seine Eislaufschuhe schnüren, um damit auf Plastik zu laufen.

Mein Termin im Café Bazar verspätet sich. Am Nebentisch höre ich – es geht nicht anders, pardon, sie sind einfach zu laut – zwei Bankangestellte. Sie sprechen von Zielen, die ihnen jemand vorgibt. Nein: Nicht, dass sie vielleicht freundlicher sein sollten – zu ihren Kunden womöglich. Den Umgang mit den Kunden lernen sie ja auf Kursen von Psychologen. Wie man sein Gegenüber spiegeln soll, damit es sich wohlfühlt. Also im Extremfall selbst auch in der Nase bohren, wenn der Kunde das gerade getan hat. Dann fühle sich der Kunde geborgen, sagen die Psychologen. Und dass man – um Gottes willen – immer nur positive Feedbacks geben soll. Nur ja nicht ausscheren. Nur ja nichts besser machen wollen. Man kann – das ist die gute Nachricht – in diesem System wählen: Man kann als Papagei auftreten, der alles nachplappert, und man kann seine Rolle in diesem Stück als Pavian anlegen, der alles nachahmt. Wer beide Rollen gut miteinander verbinden kann, der bringt es in seiner Umgebung wohl am weitesten. Auch die Fähigkeiten eines Chamäleons könnten in unserem System nicht schaden. Papagei, Pavian, Chamäleon – die Wappentiere unserer Gesellschaft. Und das ist ja auch nicht weiter schlimm. Es sind sehr schöne, lustige und beeindruckende Tiere.

Die neu ausgerufenen Ziele machen den Bankangestellten nun weithin hörbar zu schaffen. „Unmöglich … Angst um den Job … ich hab' keine Ahnung, wie die sich das vorstellen … Arbeitszeit verlängern … das kann ich meinem Kunden doch nicht mehr raufdrücken …"

Mein Termin kommt. Ein schneidiger, junger Mann, strahlendes Lächeln. Für jeden zweiten Gast hat er ein „Bussi Hallo". Ein „Beleber", wie er im Buch steht. Auch in diesem. Er stellt mir sein Konzept vor. Ich bin müde. Es ist eine Mischung aus Freiluftkino, Open-Air-Festival und Gastronomie, die er auf Salzburgs Plätzen etablieren will. „Wann?", frage ich ihn. „Im September?", fragt er zurück. „Da ist Rupertikirtag", entmutige ich ihn. „Im August?" – „Festspielnächte mit Riesenleinwand." – „Im Juli?" – „Ö3-Picknick." Der junge Mann wirkt verzweifelt. „Im Februar?" – „Gute Idee. Freiluftkino und Open-Air-Festival im Winter – darüber berichten bestimmt alle Medien." Er nimmt das als Kompliment und sagt, er müsse sein Konzept jetzt nur noch den winterlichen Bedingungen anpassen. Er werde sich telefonisch melden. Bald. Kein Scherz. Genau so war das. Verrückt, oder?

„Keine Ahnung, wie ich diese Ziele noch erreichen kann", sagt der Banker am Nebentisch jetzt noch einmal. Der andere ist plötzlich nervös geworden. „Ich glaube, ich habe vergessen, auszuwazzen", vermutet er. Später fand ich heraus, dass „Wazzen" ein neu geschaffenes Wort ist. Es wird von VAZ abgeleitet. Diese Abkürzung steht für „variable Arbeitszeit". Die ist also variabel, hat aber darüber hinaus die Nebenwirkung, dass man Mitarbeitern auf die Hundertstelsekunde halbwegs genau nachweisen kann, wo sie ihre Zeit verbracht haben. Arbeitern hat man das bisher als „Stechen" verkauft. Aber wer „wazzt", der muss immerhin nicht stechen. Das erhebt ihn – den Angestellten – irgendwie. Glaubt er zumindest.

Im Fall der beiden Bankangestellten verhält es sich wohl so: Bei diesem Zeiterfassungssystem wird festgehalten, wie lange sie brauchen, bis sie ihre Ziele erreichen, von denen sie allerdings wissen, dass sie diese ohnehin nicht mehr erreichen können. Wird die festgelegte Zeit überschritten, kann es kompliziert werden. Dann greifen andere Zeiterfassungskriterien. Die Arbeitszeit wird dann mehr wert. Mehrstunden müssen dann – so sagt man – abgebaut werden. Abbauen ist in diesem Zusammenhang ein ehrliches Wort. Es beschreibt das Gefühl recht gut, das die meisten Menschen in ihrer Freizeit haben.

Trotzdem drängt sich die Frage auf: Warum kann man heute offenbar keine Ziele mehr festlegen, die mit den Menschen, die sie erreichen sollen, in Einklang gebracht werden können?

Die beiden Banker blicken nicht einmal traurig drein. Ein wenig verbissen vielleicht. Aber sie tragen coole Anzüge und dieses eingefrorene Gewinnerlächeln im Gesicht.

Jetzt macht einer der beiden beim Anblick einer vorübergehenden Dame noch anzügliche Bemerkungen. Anzüglich bedeutet in diesem Zusammenhang, dass er sie gerne ausziehen würde. Was diese Dame aber wohl nie tun würde, wenn sie seine Bemerkung gehört hätte. Trotzdem: Die Bemerkung hat seinem Kollegen sehr gefallen. Das war auch weithin zu hören. Ist das jetzt Dampf ablassen? Keine Ahnung. Auf jeden Fall ist es nicht das richtige Mittel, um eine Frau zu beeindrucken, wenn man sie bemerkt hat. Es scheint, als ob man heutzutage beruflich schon so an das Scheitern gewöhnt wurde, dass man sogar im privaten Bereich Angst vor realistischen Zielen hat, weil wenn ohnedies alles scheitert, muss man sich auch nicht mehr so viele Gedanken machen. Erfüllung gibt es anderswo. Im Fernsehen nicht mehr so wie früher. Eher im Internet. Dort tummeln sich heute jede Menge virtueller Selbsthilfegruppen.

Jetzt schaut eine liebe Freundin aus der PR-Branche noch bei mir am Tisch vorbei. Sie hat die ganz, ganz großen Marken unter Vertrag: Champagner, Handtaschen, Luxus-Gastronomie, die teuersten Weingüter der Welt, Nobel-Geschirr, Designer-Gläser. Ob ich Zeit hätte für ein bestimmtes Event, will sie immer wissen – wenn sie anruft. Oder für ein Arbeitsessen mit einem ihrer Auftraggeber – so in der Art geht das dann normal immer dahin in diesen Gesprächen. Diesmal erzählt sie nur, dass sie sich schon darauf freut, wieder in Afrika ein paar Wochen zu wandern. In Kürze: Ganz kurz. Ein paar Wochen nur. Aber immerhin.

Seit drei Jahren fahre sie einmal im Jahr nach Marokko und Kenia. Ganz weit weg. Um nachdenken zu können. Da spüre sie wieder, dass sie so richtig am Leben sei. Zumindest spüre man dann noch, dass es noch mehr gibt im Leben. Temporär – punktuell. Sie hoffe dann auch immer, dass dieses Gefühl diesmal womöglich länger anhält: Wenn man wieder zurück ist, im System. Aber zuletzt sei eher das Gegenteil der Fall gewesen. Denn es drehe sich alles immer schneller in unserem System. Manager werden ausgetauscht, Kontaktpersonen gewechselt. „Menschen kommen und gehen in diesem System", sagt sie noch. Nur sie bleibe da. Bis auch sie ausgetauscht werde, wie eine ausgebrannte Glühbirne. Mit ihren Afrika-Wanderungen möchte sie auf Energiesparlampe umrüsten, denke ich.

Ich werfe einen Blick in den Newsticker meiner Zeitung: „Mikl-Leitner lud Flüchtlinge ins Ministerium." Nicht schlecht. Vier der Asylanten, die in der Votivkirche ein Flüchtlingscamp errichteten, um auf dieses unmenschliche System aufmerksam zu machen, durften kurz Urlaub machen – von ihrem System, in dem sie gefangen sind. Wenn sie Glück haben, dann dürfen sie bald in das andere System wechseln. In unser System. Um endlich darin arbeiten zu können.

Vom Hamsterrad ...

Ich traf mich gestern noch mit Christian Sattlecker. Für mich ist Sattlecker das für die Kunstszene, was Gutmann für die Bio-Szene ist. Einer, der sich vom System fernhält, weil er zufrieden mit dem ist, was er kann – und vor allem mit dem, was er hat. Sattlecker ist Schauspieler und Regisseur, er bildet Clown-Doctors aus, unterrichtet am Mozarteum und behandelt Patienten nach Feldenkrais – kurz: er hat viel zu tun. In der Lebensmittelbranche kann man mit so einer Einstellung durchaus reich werden. In der Kunstszene freilich nicht. Im Waldviertel wurde mir manchmal bewusst, dass in der Kunst- und Kulturszene vieles von dem, was ich dort erlebt habe, vorweggenommen wurde. Wie das sein kann, wollte ich von Sattlecker wissen. „Die Kunst ist da sehr faszinierend", sagt er bei einem Kaffee. „Künstler spüren solche Entwicklungen oft, bringen sie auf die Bühne und denken sich häufig auch gar nichts dabei. Sie zeigen uns dann, was ihre Antennen so wahrnehmen. Ohne zu wissen, warum."

Mich faszinierte etwa der Song „Welcome to the Machine" von Pink Floyd. Er drückt das Lebensgefühl, das heute vorherrscht, eigentlich auf Punkt und Beistrich perfekt aus. Veröffentlicht wurde dieses Lied aber bereits vor 35 Jahren. Mitte der Siebzigerjahre, als unsere moderne Welt in den Augen der Menschen das Paradies auf Erden war. Das Album war auch erfolgreich. Warum? Wahrscheinlich, weil auch Nummern wie „Shine on You Crazy Diamond" darin enthalten waren. Ein

77

wunderschöner Aufruf an den Hörer, dass er sich sein inneres Strahlen bewahren soll: „Remember when you were young – you shone like the sun" („Erinnere dich daran, als du noch jung warst: Du hast geleuchtet wie die Sonne"). Jeder, der Kinder hat, sieht das jeden Tag: Kinder strahlen wirklich alle wie die Sonne. Ich hatte mir mein Studium finanziert, indem ich mehr als 5000 Kindern das Schwimmen beibrachte. Und glauben Sie mir: Da war kein einziges dabei, das nicht wie die Sonne strahlte. Ich habe mich damals eines Tages gefragt: Wo kommen eigentlich die vielen finsteren Erwachsenen her? Wann geschieht dieser Wetterumschwung von sonnig zu ständig bewölkt? Und vor allem: Warum muss das offensichtlich so sein? Bei jedem Kind? Obwohl damals schon jeder wusste: Es wird spätestens dann passieren, wenn du im Berufsleben stehst. Oder wie Roger Waters von Pink Floyd damals sang: „Welcome my son. Welcome to the machine." Noch besser würde mir gefallen: „Welcome my sun. Welcome to the machine." Denn es beschreibt den Übergang des Menschen aus einem noch kindlichen Stadium, in dem viele von ihnen noch wie die Sonne strahlen. Was ihnen im System schnell ausgetrieben wird.

Wie man sich die Freude am Leben bewahrt? Wie man so lange wie möglich freudestrahlend sein Leben verbringen kann? Ganz einfach: Indem man sein Leben weiter lieben kann, weil man auch seinen Beruf liebt. Warum soll das nicht möglich sein? Denn was die Liebe ist, darauf hat sich schon Heinrich Heine einen Reim gemacht: „Du fragst mich, Kind, was Liebe ist? Ein Stern in einem Haufen Mist." Es ist die Liebe, die Sie retten kann. Lassen Sie sie also bitte nicht vor die Hunde gehen. Oder untergehen – in all dem Mist.

Und in diesem Album von Pink Floyd war ja auch der Titelsong „Wish You Were Here". Der hat auch sehr viel mit

Liebe zu tun. Mit der Liebe, immer für die Menschheit ein-zustehen und im Ernstfall auch für sie zu kämpfen. Gebündelt in dem Satz: „Did you exchange your walk on part in a war, for a lead role in a cage?" Also: „Hast du deine Anführer-Rolle in einem Krieg gegen eine Führungs-Rolle in einem Käfig getauscht?" Das ist eine gute Frage, die sich jeder stellen sollte, der erwachsen ist.

Andere Fragen wären: Was tun wir eigentlich jeden Tag? Gefällt es uns? Werden wir wenigstens gut genug dafür be-zahlt? Gefällt es uns, dass wir, wenn wir in Führungsposi-tionen gelangen, nicht nur in der Lage, sondern sogar noch in der Pflicht sind, Menschen zu kündigen? Nehmen wir über-haupt noch wahr, was wir täglich tun? Sehen wir noch, welche Auswirkungen unser Tun hat? Sehen wir noch die Menschen, mit denen wir täglich zu tun haben?

Der Schein hat das Sein längst verdrängt. Und genau an dieser Stelle brauchen wir die Kunst. Sie darf Sachverhalte transportieren, für die in der Wirtschaftswelt kein Raum vor-gesehen ist. Warum sagt man denn so gerne beim „Bussi-Bussi-Smalltalk" auf irgendwelchen Vernissagen: „Treffen sich zwei Künstler, dann reden sie über Geld. Treffen sich zwei Banker, dann reden sie über Kunst." Warum? Weil es so ist. Und nur wenn man Glück hat, dann kriegt man heute noch Kunst serviert, die bewegt und die belebt. Obwohl: Sattlecker ist der Meinung, dass sich die Kunst auch zyklisch bewege. „Sie reagiert eben ständig auf jede Veränderung. Die beste Kunst zeigt die Veränderung schon, bevor sie geschieht."

In der Musik könne man das schon sehr gut beobachten: bei Arnold Schönberg und John Cage etwa. „Schönberg sprengte die Grenzen der Musik, indem er die Zwölftonmusik einführte. Und Cage löste sie ganz auf, indem er jedes Geräusch, jeden Laut zur Musik erkor. Die Kunst ist ein ständiges Auflösen und neu Zusammenfügen. Nach dem nervösesten Free-Jazz kommt die Sehnsucht nach schönen Melodien." So sei der Mensch nun einmal. „Vielleicht sucht er mehr die Abwechslung als die Weiterentwicklung – weil er instinktiv spürt, dass sich ohnehin alles im Kreis dreht."

Am Abend stand dann im Salzburger Volksgarten das Stück „Ballet Manchot" auf dem Programm. Im Rahmen des Winterfests. Dieses ist ein mittlerweile international beachtetes Zirkusfestival. Das Stück brachte die Compagnie „Le Cubitus du Manchot" zur Aufführung. Vielleicht wäre ich nicht einmal hingegangen, wenn es kein beruflicher Termin gewesen wäre. Die Zeitung, für die ich arbeite, lädt ihre wichtigsten Inseraten-Kunden zur Vorpremiere des Winterfests ein. Und ich kam gerade zurück aus dem Waldviertel. Und ich sah in diesem französischen Experiment des Cirque Nouveau das, was ich ein paar Tage zuvor mit Johannes Gutmann diskutiert hatte.

„Le Cubitus du Manchot" ist eine französische Zirkustruppe. Kann man vom Zirkus etwas lernen? Oder besser gesagt: im Cirque Nouveau, wie diese Kunstform heißt? Das sind Darbietungen, die weitgehend auf Sprache verzichten. Als Stilmittel kommen die Akrobaten mit Humor, Akrobatik, Poesie und ein bisschen Musik aus. Ein bisschen gesprochen wurde auch. Der französische Hauptdarsteller Johann Candoré begrüßte das Publikum: „Willkommen! Ich freue mich, dass Sie so zahlreich in meinem Kopf erschienen sind!", rief er dem Publikum zu. Manchot heißt auf Deutsch übrigens „Pinguin". Eine weitere Bedeutung wäre „einarmig".

Candoré steht, wenn er sich an das Publikum wendet, oft ganz kurz auf einem Bein und versteckt eine Hand hinter der Hüfte. Wie ein Einflügler steht er dann da – der sich einen zweiten Flügel herbeisehnt, damit er endlich einmal fliegen kann. Auch seine Kostümierung erinnert am Beginn an einen Pinguin. Im Laufe der Show wird er sich zusehends in eine französische Version des Dr. Frank N. Furter aus der „Rocky Horror Show" verwandeln. Aber trotz aller Coolness lernt er auch im Laufe der Zeit, dass Pinguine nicht zum Fliegen gemacht sind – außer: Sie kriegen Hilfe. Diese kommt unvermittelt von seinen Kollegen und seinen unverschämt gut aufgelegten Musikern, die das Stück mit unglaublich feinsinniger Rockmusik unterlegen.

Candoré will also fliegen, denke ich mir. Er holt eine Feder hervor. „Willkommen, kleines Küken", sagt er zärtlich. Mal sehen, was daraus wird. Ganz kurz entsteht auf der Bühne die Leichtigkeit, die man zum Fliegen braucht. Aber gleich darauf droht Candoré an der Feder, an seiner Leichtigkeit also, zu ersticken. Er erhält Hilfe. Und jenem, der sie ihm aus dem Rachen holt, steckt er die Feder ins Maul – sodass sein Retter erstickt. Das erinnert ein wenig an das Höhlengleichnis von Platon. So funktioniert die Gesellschaft ja tatsächlich seit der Antike: Wer die Menschen aus ihrer Schattenwelt, so die Botschaft Platons, ans Licht holen will, lebt gefährlich. Dem droht eher, als mahnendes Exempel ans Kreuz genagelt zu werden, als dass man ihm Glauben schenkt. Sie bringen einen echt zum Nachdenken, diese jungen Franzosen.

Jetzt sagt Candoré wieder mal etwas: „Haben Sie Vertrauen in Ihre Angst!" Das Publikum beginnt nun schön langsam spürbar nervös zu werden. Es ist verstört – und gleich darauf betört. Denn jetzt nimmt die Show Fahrt auf. Die gesamte Compagnie setzt sich nach 15 Minuten in Bewegung – und wird bis zum Schluss nicht mehr damit aufhören. Zunächst wird exerziert. Und wie! Einer hat eine Feder im Mund und

aus dem sturen Marschieren wird eine Parade der Lebensfreude. Dann verharren alle kurz in Schockstarre – nur einer
marschiert wie besessen weiter, immer fester tretend, immer
verbissener und von Candoré angefeuert. Candoré und sein
Kollege werken und fuchteln so lange am Stand tretend und
anfeuernd dahin, bis alle wieder wie ein Motor „anspringen",
der das Stück weitertreibt. Ja, es stimmt: Einzelne können etwas bewegen. Was heißt etwas? Alle kann ein Einzelner bewegen. Und alle können dann alles bewegen. Die gesamte
Menschheit womöglich? Einen Schritt weiter. Aber die will
jetzt schon tanzen – auf der Bühne. Doch ihr Tanz ist zu militärisch. War das Exerzieren noch zu leichtfüßig, ist das Tanzen
jetzt zu automatisch. Zunächst tanzen sie im Stechschritt, was
sehr komisch aussieht. Ein wenig später erinnern die Tänze an
Kämpfe. Mann gegen Frau. Mann mit Mann. Es passt noch
nicht alles so recht zusammen. Zumindest für heterosexuelle
Besucher wie mich. Und Nolwenn Donnet-Decartes singt dazu
mit einer Stimme, die unter die Haut geht: „Je suis un homme
perdu" („Ich bin ein verlorener Mann"). Jetzt wird schön
langsam klar: Auch wenn immer alles läuft, dann läuft doch
meistens alles verkehrt.

Und nun beginnt es auch den ersten Zuschauern zu däm-
mern: Das ist ja kein Traum, der da zu sehen ist. Das ist nicht
nur ein Bild, das uns die Künstler zeigen. Was uns da gezeigt
wird, ist das Spiegelbild unseres Zusammenlebens. Das ist
unsere Gesellschaft.

Jetzt taucht auf der Bühne ein Bursche mit einem Messer
auf. Er bedroht Candoré, den bereits recht selbstbewusst auf-
tretenden Pinguin, wild gestikulierend. Candoré ließ zuvor
einen riesigen Reifen wie einen Hula-Hoop-Reifen um seine
Hüften schwingen. Das hat ihm niemand zugetraut, dass er

das tatsächlich schaffen wird. Keiner. Es ist, als ob er mit dieser Nummer beweisen wollte, dass er seinen Weg aus diesem System, in dem sich alle abmühen, gefunden hat. Der Bursche bedroht Candoré, der ihn nur verblüfft ansieht, so lange weiter, bis er vor lauter Drohgebärden selbst erschöpft zusammenbricht. Candoré, der Pinguin, lächelt – und macht weiter. Er erklimmt die nächste Stufe seines Weges. Er macht das recht unaufgeregt. Es ist ihm nur selten Mühe anzumerken. Er genießt nun offensichtlich, was er tut. Und je größer die Verwunderung der anderen ist, desto mehr scheint er sich dabei wohlzufühlen. Auf dieser nächsten Stufe betrachtet er einen Radfahrer. Der fährt im Kreis. Aber wie! Zunächst tut er das vergnügt wie ein Kind. Dann strampelt er wie ein Arbeitstier, die nächste Runde legt er schon einbeinig zurück und zum Schluss sitzt er ganz entspannt auf der Radgabel und genießt einfach, dass er im Kreis fährt. Die Strecke kennt er ja schon auswendig. Oder sollte man besser sagen – inwendig?

Ab jetzt entstehen auf der Bühne überall Kreise, tänzerische und kämpferische. Es gibt Anläufe, die scheitern. Aber nach dem Scheitern sind die Anläufer stets gescheiter. Und dann wird es auch noch physikalisch interessant. Es gibt eine Wippe. Auf der können – das sagt die Physik – nur zwei Menschen springen. Mit der richtigen Fürsorge und dem richtigen Halt, den plötzlich ein Dritter gibt, gelingt es auf einmal drei Menschen, auf dieser Wippe zu springen. Sie haben kurzerhand mit Rücksichtnahme und Fantasie das Hebelgesetz von Archimedes ausgehebelt. Keine Frage: Der Mensch ist groß. Alle scheinen ihre Lektionen zu lernen. Es geht etwas weiter. Angebliche Gesetzmäßigkeiten werden am laufenden Band widerlegt. Eine Art Grenzenlosigkeit ist im Entstehen.

Nun sind im Publikum schon alle gespannt, wo das noch hinführen wird. Vielleicht nur hinters Licht. Keine Ahnung. Denn Candoré, der Pinguin, wird jetzt immer selbstbewusster. Er kleidet sich wie ein Rockstar. Zwischendurch erstarrt er zwar immer wieder, beim Anblick dieses Hamsterrads, in dem seine Kollegen wie wild durcheinanderwirbeln, sich ständig, neue Netzwerke bildend und immer wieder ganz kurz auch fliegend, abmühen.

Candoré, der Pinguin, hat viel dazugelernt. Er tritt nun als Anführer auf. Alles wird ruhiger, geordneter, aber auch müder.

Letzte Szene: Die Artisten gleiten auf rollenden Bänken sitzend über die Bühne. Sie musizieren. Wie Planeten umkreisen sie Candoré, dessen Gehabe jetzt an den Sonnenkönig Ludwig XIV. erinnert. Aus den kreisenden Bewegungen wird ein Zug der Bänke und aus dem Zug der Bänke wird ein Kreis. Geschafft. All das sieht das Publikum, selbst im Kreis im Zirkuszelt um die Bühne sitzend. Es durfte 80 Minuten lang kein bisschen frustriert den Lauf der Zeit betrachten. Den Lauf seiner Zeit. Und wer sah, wie sich die Zeit im Kreis dreht, der nimmt sein Leben dann auch nicht mehr ganz so schwer. So schön kann das sein – wenn im Hamsterrad ein Licht aufgeht.

Und weil das Publikum, das sich ja im Zirkuszelt rund um die Bühne versammelt hatte, an diesem Abend ausschließlich aus Leistungsträgern der Wirtschaft bestand, wirkte dieses Bild an jenem Abend noch viel stärker, als es das sonst tut. Diese künstlerische Darbietung hat Augen geöffnet. Es war eine – wie sagt man so schön – fantastische Performance. Eine fantastische Performance des Lebens.

... zum Sonnentor

Das ist ein klitzekleiner Auszug aus der wirtschaftlichen Performance von Sonnentor. Bühne frei: Wo ist Sonnentor? „Sprögnitz 10 bei Zwettl." Wem gehört Sonnentor? „99 Prozent Johannes Gutmann. 1 Prozent Johann Wostri." Jahresumsatz im Geschäftsjahr 2011/12? „24,7 Millionen Euro." Exportanteil? „75 Prozent." Schwesterbetriebe? „Sonnentor in Tschechien, Sonnentor in Rumänien und Sonnentor in Albanien." Wem gehören diese Firmen? „An allen drei Betrieben hält Johannes Gutmann jeweils 80 Prozent. Der Rest teilt sich auf seine Partner vor Ort auf. Sie heißen Tomáš Mitáček, Thomas Weinraub, Csaba Szakács und Endrit Kullaj."

Mitarbeiter? „170. Zwei Drittel Frauen, ein Drittel Männer." Wie viele Tage im Jahr sind Sonnentor-Mitarbeiter im Durchschnitt krank? „6 Tage." Der durchschnittliche Ausfall durch Krankheit in allen anderen Branchen? „12,6 Tage." CO_2-Bilanz? „286 Tonnen." Ist das viel? „Das durchschnittliche herstellende Mitgliedsunternehmen des Bundesverbands Naturkost Naturwaren (BNN) produziert im selben Zeitraum 3202 Tonnen CO_2." Neue Arbeitsplätze im letzten Jahr? „Keine Maschine ersetzt die menschliche Hand oder das menschliche Auge. Aus dieser Philosophie heraus konnten wir im letzten Jahr 25 neue Arbeitsplätze in einer der strukturschwächsten Regionen Österreichs und darüber hinaus in unseren Geschäften in Wels und Graz schaffen."

Wie ist das Leitbild formuliert? „Wir von Sonnentor glauben fest daran, dass in der Natur die besten Rezepte für ein schönes und langes Leben liegen. Dafür arbeiten wir. Davon leben wir. Und wir glauben, dass die biologische Landwirtschaft die einzige Alternative zu den Folgen von Monokultur und Überproduktion ist. Der Kreislauf, das immer Wiederkehrende, das sich ständig erneuernde Leben ist unser Grundprinzip. So wie das Leben und Lebenlassen, das gegenseitige Anerkennen und die Wertschätzung für ein langfristiges Miteinander unerlässlich sind. Alles muss im Gleichgewicht sein, damit die Freude wachsen kann."

Spätestens bei der Formulierung des Leitbilds verlässt man im Gespräch die Welt der nüchternen Zahlen. Dieses Leitbild könnte ebenso ein Gebet sein, eine Regel für das Zusammenleben von Mönchen. Man könnte es sogar einem fiktiven Indianerhäuptling in den Mund legen. Das würde den meisten Wirtschaftreibenden in unseren Industrienationen auch gefallen. Dann wäre diese Philosophie der Natürlichkeit und Menschlichkeit ja auch keine Gegentatsache mehr, die geschaffen wurde. Dann könnte man weiter über Hippie-Träumer und alternative Sandalenträger witzeln.

Aber Johannes Gutmann ist aus einem anderen Holz geschnitzt. Die Ansichten dieses Waldviertlers sind dermaßen wertkonservativ, dass er einen unbegrenzt haltbaren Wert geschaffen hat: und zwar einen natürlichen Kreislauf innerhalb eines blutleeren Wirtschaftssystems.

Ich sitze mit Gutmann jetzt wieder mal in Schrems beim „Schönauer". Ja, genau: Das ist dieser wunderbare Familienbetrieb, in dem gekocht wird, wie dort immer schon gekocht wurde. Diesmal hat er leider keine geschmorte Fledermaus mehr auf der Karte. Es ist Karpfenzeit. Also gibt es gebratene Karpfenwürfel auf Erdäpfelsalat, Fischbeuschelsuppe und Karpfenfilet. Die Stube ist voll. Ganz Schrems scheint auf die Karpfenzeit gewartet zu haben.

Ich frage Gutmann, ob er bei seinem Werdegang Unterstützung von Wissenschaftlern erhielt. Von der Universität womöglich. Ob er sich aus Fördertöpfen bedient habe. Er lacht und antwortet: „Mich hat keiner bemerkt. Jahrelang nicht. Erst ein wenig später hat sich eine interessante Zusammenarbeit ergeben. Mit dem Attac-Mitbegründer Christian Felber. Der hat eine Formel für die Gemeinwohlbilanz erstellt. Das ist offenbar das wissenschaftliche Wort für Freude am Arbeiten und Einkaufen." Damals waren also schon ganz weit weg vom Waldviertel ein paar Studierende am Tüfteln. Die wurden nicht vom System dazu angestiftet. Die haben instinktiv auch gespürt, dass das „gelehrte System" in die falsche Richtung führt. Alles war starr an den Universitäten, die Lehrinhalte, die Professoren – dann haben plötzlich einige Studenten ganz kräftig zu strampeln begonnen. Einer von ihnen war eben Christian Felber. „Er hat diese Theorie entwickelt, während ich – ohne von seiner Theorie zu wissen – diese schon in der Praxis umgesetzt habe", sagt Gutmann. Eines Tages habe Felber von Gutmanns Firma gehört. Er kam vorbei, um sich ein Bild zu machen. Er sei ganz verblüfft gewesen, gesteht Gutmann. „Das macht ihr ja schon lange. Was ich fordere – und dafür belächelt werde. Das gibt es ja schon alles – in echt." Gutmann sagt jetzt augenzwinkernd: „Halleluja."

Sie verglichen Theorie und Praxis und haben sich in diesem Augenblick vielleicht sogar ein wenig wie Einstein gefühlt, als er seine Relativitätstheorie beweisen konnte – für die wurde er ja auch in der Entwicklungsphase lange genug von Kollegen ausgelacht. Später hat Einstein festgehalten: „Probleme kann man niemals mit derselben Denkweise lösen, durch die sie entstanden sind."

„Weißt du, wer den besten Nachhaltigkeitsbericht in Österreich schreibt?", fragt mich Gutmann jetzt. Bei der Fischbeuschelsuppe. „Nein." – „Das ist ausgerechnet die OMV. Ist das nicht lustig? So schnell kriegt heute ein Mineralölkonzern ein grünes Mäntelchen. Mineralölkonzerne beuten unsere Welt höchstens nachhaltig aus. Ich verstehe das nicht." Ihm sei es dagegen immer nur um gelebte Nachhaltigkeit gegangen. Jetzt, nachdem ja auch schon der Hausverstand verkauft worden sei, habe man eben mit dem Menschenverstand arbeiten müssen. „Zuerst kommt der Mensch. Dann das Haus. Weshalb mir auch die innerbetrieblichen Kooperationen wichtiger sind als andere. Draußen kommen immer alle mit ihren gebildeten festen Strukturen daher. Da geht es nur um die Ausschüttung von Boni. Die haben alle Druck, verstehst du? Die wollen auch ständig ein neues, größeres Auto. Diesem Druck setzen sich die Leute draußen ständig aus. Und dem sind sie irgendwann nicht mehr gewachsen. Trotzdem werfen sich da nach wie vor alle rein – und verbrennen der Reihe nach."

Es sei ja auch seine Firma gegen solche Situationen nicht gefeit. „Einer meiner wichtigsten Mitarbeiter in Tschechien hatte vor einigen Jahren ein Burn-out. Aber nicht wegen der Vorgaben. Er ist immer seltsamer geworden, hatte ständig 20 Bälle in der Luft. Er konnte keine Aufgaben abgeben. Ich habe das auch bemerkt und ihm zu einer Auszeit geraten, ihn auf Kur geschickt. Im Nachhinein hatte ich den Eindruck, dass manche eben von diesem einstudierten ‚Uni-System' nicht loskommen. Auch bei uns nicht. An der Uni lernen sie ja immer noch, dass man kontrollieren, Druck in der Wirtschaft ausüben, die anderen wegdrücken muss. Dann geht offenbar alles. Aber eine Firma muss man wie einen Garten pflegen. Da gibt es so ein afrikanisches Sprichwort, das mir gut gefällt: ‚Gras wächst nicht schneller, wenn man daran zieht.‘ Das unterschreibe ich jederzeit sofort." Eben habe er etwa eine Kooperation mit einem Kleinstunternehmer unterzeichnet. „Ich habe mich als stiller Gesellschafter bei einem Bio-Metzger beteiligt. Der ist super. Und der mag auch aus eigener Kraft leben können und gute Preise für seine Waren erzielen. Das ist die Wertschätzung, die ich ihm geben kann." Gutmann schaut auf sein Umfeld. Und er fuhr bisher sehr gut damit: „Was ich aus rein menschlichen Beweggründen bislang entschieden habe, das habe ich zehnfach zurückgekriegt – menschlich. Das ist meine Energie."

Bei der Gemeinwohlbilanz von Felber, da gehe es ja um mehr, fährt er fort: „Um das Miteinander. Auch darum, sich etwas zu gönnen, es sich wohlergehen zu lassen, und das strahlt jeder in der Firma dann auch aus. Auch das habe ich gelernt, als ich mich beim Anlegen des Kräutergartens im Stift Zwettl mit den frühen Leistungen der Mönche beschäftigt habe. Was ist Genuss? Für mich ist Genuss, etwas Gutes in mein Umfeld zu projizieren. Aus Kräutern kann ich immer etwas Gutes machen."

Wenn er auf Geschäftsreisen sei, dann falle ihm oft auf, dass bei vielen Firmen einfach zu viel Wachstum verlangt werde. „Und dieser Druck hemmt die Entscheidungskraft. Das sind eher so Zucker in der Endzeit, die da rauskommen, aber keine Entscheidungen mehr. Christian Felber hat das intuitiv auch gespürt. Und seine Erkenntnisse in ein theoretisches, wirtschaftliches Konzept gegossen. Obwohl ich es in groben Zügen eh bislang so gemacht habe, kann ich von seinen Ausführungen heute sehr viel lernen. Heute kommen etwa noch ein paar deutsche Unternehmer nach Sprögnitz, um sich meine Firma anzuschauen. Die kommen jetzt alle zum Lernen ins Waldviertel. Schräg – nicht wahr."

Was die Bewertung von Firmen durch Felbers Gemeinwohlbilanz betrifft: „Da geht es nicht darum, tausend von tausend Punkten zu erhalten. Es geht nur darum, dass man seinen Weg ändert. Der Weg ist nicht mehr das Ziel. Heute ist es das Ziel, den Weg zu ändern. Andere Gedanken in die Köpfe der Wirtschaftstreibenden hineinzupflanzen. Es geht heute darum, etwas Neues zu pflanzen. Und es muss nicht immer alles von heute auf morgen gehen. Das blinde und schnelle Tagesgeschäft, das ist ein Tunnelblick. Die haben schon alle so eingefahrene Blicke, dass sie Spurrillen auf den Augen haben. Derzeit habe ich den Eindruck, dass uns all jene in Sprögnitz besuchen kommen, die sich ohnmächtig fühlen. Wir leben in einer spannenden Zeit. Überall rumort es. Und mit jenen, die das wollen, kann man jetzt neu aufbauen. Wir leben ja alle von der Veränderung. Für mich ist die ständige persönliche Weiterentwicklung die Selbstverwirklichung, von der viele beim Autofahren im neuesten Luxusauto träumen."

Mut zur Entfaltung

Wieder in Sprögnitz. Nur noch ein paar Tage bis Silvester. Johannes Gutmann sitzt mit seiner Tochter und einer Mitarbeiterin in seiner Firma. In seiner „Hall of Fame", um genau zu sein. Das ist jener Bauernhof, den er 1991 erwarb. Er ist auf Hochglanz poliert. Darin befinden sich jetzt der Shop und ein großer Spielraum für Kinder. Seine zweijährige Tochter Lea stoppelt große Holz-Puzzles zusammen. Gutmann schaut ihr zu, eine Mitarbeiterin hilft ihr – wenn sie Hilfe braucht. Einer seiner Mitarbeiter kommt vorbei. „Hannes, das mit der Kühlung, das ist ein Problem." Gutmann ließ sie vor ein paar Tagen zurückdrehen. „Ich weiß nicht, ob die Mehlspeisen über die Feiertage kommen, wenn ich sie nicht wieder raufdrehe." Gutmann überlegt kurz. „Mach es, wie du meinst", sagt er dann. „Du entscheidest. In deinem Bereich bist du der Chef." Das sind Sätze, die man in Firmen von seinem Chef selten hört. „Das war so eine Idee von mir, mit dem Zurückdrehen der Kühlung", erklärt Gutmann. „Wo man leicht Energie sparen könnte, da probiere ich es eben aus." Sein Mitarbeiter lächelt ihn an und sagt: „Deine Sparmaßnahmen erheitern die Belegschaft." Dann erinnert er ihn an einen Eintrag ins Gästebuch. „Gestern. Weißt du noch?", fragt er Gutmann. „Maaah. Genau. Der war super", sagt Gutmann und lacht. Was für ein Eintrag das war? „Da hat einer unserer 37.000 Besucher in diesem Jahr geschrieben: ‚Was ist härter als das Leben? Eine Mehlspeise von Sonnentor.'" Gutmann und seine Leute freuen sich über Kritik. Und je unterhaltsamer diese Kritik vorgetragen wird, desto besser.

Rückmeldungen der Kunden seien das größte Geschenk für eine Firma, meint Gutmann. „Auf Messen, auf den Höfen, überall. Man muss mit den Leuten reden und zuhören, was sie sagen: Was ihnen taugt und was ihnen nicht taugt." Wenn einer in seiner Firma an Produkten tüftle und denke, er sei Produktentwickler, dann habe dieser Mitarbeiter nur zu einem kleinen Teil recht: „Die echten Produktentwickler sind die Kunden." Falls man deren Bedürfnisse nicht erkenne, so fühlten die sich zu Recht gekränkt – zurückgestellt. „Wir müssen deren Hilfe annehmen und Danke für die Weiterentwicklung sagen. Dann bleibt man nicht stehen. Das Leben ist täglich eine neue Chance." Das erinnert an Henry Ford: Dieser sagte mal, wer immer nur das tue, was er kann, der bleibe immer das, was er schon ist. Obwohl: Wenn er täglich in sein Geschäft gehe, habe er durchaus den Eindruck, dass bei ihm 80 Prozent auch schon „eingefahren" sei. Der Kreislauf, den er geschaffen hat, laufe ja auch wie geschmiert. „Aber 20 Prozent Kindsein habe ich mir bewahrt", sagt er. Und das sei im Umgang mit Menschen ja auch das Allerwichtigste: Dass man sich weiter über Bilder freuen kann, über nette Begebenheiten, über Feiertage, Überraschungen und immer wieder über Kleinigkeiten. Genau das würden sie ebenfalls täglich versuchen: mit Kleinigkeiten überraschen zu können.

So wie in der Verpackungsabteilung. „Da packeln die Silvia, die Gerti und die Manuela ein." Vor ein paar Jahren hat Gutmann seine Mitarbeiter gefragt, ob sie eine Idee hätten, wie man die Rechnung nach Online-Bestellungen persönlicher gestalten könnte. „Wir sind ja keine virtuellen Typen. Wir sind allesamt Menschen aus Fleisch und Blut. Das soll irgendwie auch so beim Kunden ankommen – auch oder erst recht, wenn dieser im Internet bestellt hat. Die Mädels hatten bald eine super Idee. Sie legten einen Zettel bei. Mit einer handschriftlichen Danksagung. Unterschrieben mit dem Vornamen. Das ist persönlich. Eine kleine Überraschung, die vom Herzen kommt."

Das sind sie so, die Kleinigkeiten, die – wie Gutmann sagt – „nicht wehtun". Mehr noch: Sie bereiten allen Beteiligten Freude. Als ich in der Verpackungsabteilung mit den Damen spreche, sitzen sie bestens aufgelegt da und schreiben nach dem Einpacken ihre Zettel. „Wir machen das sehr gerne", sagt Gerti. „Das ist cool. Wie Autogramme schreiben. Dachte nicht, dass ich mal so viel für eine Firma unterschreiben darf." Auch die Kunden haben eine Freude. So ein Brief ist einzigartig in ihrem Briefkasten geworden. Das muss man erst mal zusammenbringen – dass man jemandem Freude mit einer Rechnung bereitet. Besser geht's wirklich nicht.

Was denn seiner Meinung nach in der althergebrachten Welt falsch laufe, will ich von Gutmann wissen. Er denkt kurz nach. „Weißt du", erklärt er dann. „Das Problem bei vielen Firmen ist, dass Chefs von ihren Mitarbeitern immer mehr fordern. Weil sie glauben, dass es nur der Fleiß und die Disziplin ist, mit der man den Karren aus dem Dreck ziehen kann. Aber das stimmt ja nicht. Oft helfen die kleinen Tricks der Faulen schneller weiter. Und die Mitarbeiter dieser Firmen sind ja schon vor längerer Zeit an ihre Belastungsgrenze gestoßen. Diese können einfach nicht mehr machen. Und das nicht, weil sie faul sind. Sondern weil sie erschöpft sind. Und der Unternehmer glaubt dann aber oft, dass er aus diesen Menschen noch mehr herausholen muss. Man sieht das oft, dass ein Chef einen Mitarbeiter bei der Arbeit beobachtet. Das ist überhaupt ein Wahnsinn. Wenn ich glaube, dass einer nur fleißig ist, weil der Chef danebensteht. Das wird dann zum Spiel. Sobald der Chef weg ist, lässt es ein Mitarbeiter dann oft absichtlich schleifen. Und seine Kreativität legt er in die Ausrede, die er seinem Chef dann präsentieren muss, wenn er es wieder nicht geschafft hat, das Ziel des Chefs zu erreichen. Ich hielt mal einen Vortrag vor BWL-Studenten. Die wollten wissen, wie oft ich wöchentlich meine Abteilungen besuche, um zu kontrollieren, ob alles läuft, wie vom Chef vorgesehen ist. Ihnen sei nämlich gelehrt worden, das sollte zweimal wöchentlich der Fall sein. Die Studenten schreiben das brav mit und gehen dann im beruflichen Alltag nach dieser Vorgabe vor. Das ist doch verrückt, oder?"

Ich will wissen, wie viele Besuche in seinen Abteilungen er empfiehlt. „Wenn der Laden läuft, dann lasse ich die Leute werken, wie sie es für richtig halten. Wenn was ist, müssen wir darüber reden. Und vor allem auch gegenseitig zuhören. Da kann wieder der eine von dem anderen lernen. Manche sehen mich nie oder nur zufällig, andere wieder öfter. Bei der Akkordarbeit – da werden die Leute kaputt. Und dann kriegen sie noch eine auf den Deckel wegen der hohen Fehlerquote. Da wird im Berufsleben oft ein Druck aufgebaut, der die Menschen innen aushöhlt. Das Antreiben von Menschen war schon immer ein Holler. Es gibt da ein schönes Sprichwort: ‚Wenn du es eilig hast, dann geh langsam.‘ So kommt man sicher an ein Ziel. Mit ständig neuen Anforderungen wird es nur chaotischer auf einem untergehenden Boot. Und das ist ja draußen, außerhalb des Berufslebens, auch schon so. Da fühlen sich die Menschen in ihren eigenen vier Wänden vor ihren Computerkasteln und in einer Pseudo-Freizeitgesellschaft auch schon unter Druck gesetzt. Da heißt es oft: ‚Hui, ich muss noch kurz meinen Facebook-Account checken.' – ,Wir müssen unbedingt zum Ski-Opening, weil da irgendeine Musi spielt.' Die Gesellschaft treibt die Leute vor sich her. Wenn dieser Entwicklung nicht Einhalt geboten wird, dann geht alles in Richtung Klassenkampf. Und da sollten sich die Herren Antreiber ruhig schon mal die Frage stellen, auf wessen Kosten der stattfinden wird. Was ich Menschen aufbürde, das kriege ich irgendwann zurück. Das kannst du mir glauben. Also schauen wir, dass wir eine Freude bei der Arbeit haben, dann wächst alles von ganz allein."

Das sind ja auch tatsächlich die zwei Möglichkeiten, die sich anbieten: Will man als Firmenchef nur Menschen und den Ertrag, den sie zu leisten bereit sind, zählen? Oder will man dem Menschen das Gefühl geben, dass zählt, was er tut? Es steht jedem Chef frei, wie er sich bei dieser Frage entscheidet: Weiterzumachen wie bisher oder den Schritt zu wagen, einen völlig neuen Umgang mit seinen Mitarbeitern zu schaffen. Es ist kein großes Wagnis, Mitarbeitern mehr Entfaltungsmöglichkeiten zu geben. Es wird auch nicht in jedem Fall funktionieren. Aber warum sollte man nicht „seinen Leuten" mehr Freiheit lassen? Kurz einmal weniger Wachstum riskieren – dafür aber Möglichkeit zur Stärkung bieten.

Jetzt sitze ich mit Gutmann im Büro. Im Chefbüro sozusagen. Da ist keine Sekretärin davor, wie man das von anderen Firmenchefs so kennt. Die Tür steht offen. Immer. Er hat auch kein Büro für sich allein. Zwei Mitarbeiter haben ihre Schreibtische neben seinem. Alle anderen Bürotüren stehen auch offen. Kaum zu glauben, dass aus dieser gemütlichen Zelle jährlich 24 Millionen Euro erwirtschaftet werden. Eigentlich ohne Stress. Mit lauter stolzen Mitarbeitern. In der Fachsprache würde man wahrscheinlich sagen, das sei ein gruppendynamischer Arbeitsplatz. „Wir versuchen nur, alles in unserer Firma so menschlich wie möglich zu gestalten. Unsere Bauern sind Menschen, unsere Mitarbeiter sind Menschen und unsere Produkte sind dem natürlichen Kreislauf entnommen. Diese Einstellung prägt unser Tun. Außerdem hat es sich jeder in dieser Firma verdient, mit dem Namen angesprochen zu werden." Ihm also das ehrliche Gefühl zu vermitteln: „Ich freue mich, dass du da bist." Das kostet nichts – und ist bewegend.

An so einer Philosophie tüftelt man nicht. Die hat man oder nicht. Seine wichtigsten Helfer seien am Beginn seiner Karriere die alten Bäuerinnen gewesen. „Ich hatte ja dringend Arbeitskräfte benötigt, die mir die Kräuter einsackeln. Wo sollte ich die hernehmen? Dann fiel mir auf, dass es im Waldviertel sehr viele alte Bäuerinnen gibt. Ich habe ein paar gefragt, ob sie noch mal arbeiten wollen. Also keine anstrengenden Arbeiten. Eher Tätigkeiten, die fast schon meditativen Charakter hätten und dennoch Freude bereiten – weil man spürt, dass man immer noch produktiv sein kann. Kräuter einsackeln, zum Beispiel. Die hatten so eine Freude dabei, dass sie gar kein Geld wollten. Ich habe sie fast zwingen müssen, das Geld für ihre Arbeit zu nehmen. Aus dieser Geschichte ist viel entstanden. Weil damals habe ich auch verstanden: Mit dem nötigen Respekt und dem richtigen Produkt wird der berufliche Alltag auf einmal für alle Beteiligten zur Freude."

Gutmann lehnt sich in seinem Stuhl zurück. „Ich habe dir ja schon erzählt, dass wir einen Betriebskindergarten machen werden. Einen super Betriebskindergarten, das ‚Energiereich' in der Sonnentor-Akademie." – „Ja, hast du." – „Und weißt du was?", fährt er jetzt fort. „Der nächste Schritt soll mein Ü60-Party-Bauernhof werden." Wie bitte? „Schau", sagt er. „Am Land gehen wir ja alle mit den älteren Menschen noch sorgsam um. Wir wissen, was sie noch leisten wollen, was sie noch leisten können und was man ihnen nicht mehr zutrauen kann." – „Ja. Okay. Das wisst ihr noch." – „Und wie ist es in den Städten?", fragt er. „Nicht so toll", antworte ich. „Genau", sagt er jetzt und beugt sich nach vorn. „Nichts gegen Altersheime. Aber wie dort prinzipiell mit älteren Menschen umgegangen wird, das will mir nicht recht einleuchten, warum sich das überhaupt jemand traut. Fixe Regeln, starre Abläufe – die werden dort ja behandelt wie Rechtlose. Warum muss ich einen älteren Menschen in seinem Lebensabschnitt noch mit fixen Essenszeiten maßregeln, ihm mitteilen, wann er sein Licht im Zimmer auszuschalten hat – das ist doch absurd. Das ist zum Schluss noch mal die Verhöhnung eines Menschen", sagt er. „Ja. Und? Was willst du dagegen tun?", möchte ich von ihm wissen. „Habe ich dir doch gesagt: Ich plane einen Ü60-Party-Bauernhof. Das klingt doch gleich viel besser als Altersheim. Altersheim klingt ja noch schlimmer als Gnadenhof. Aber Ü60-Party-Bauernhof – das hat was. Da freu' ich mich selber schon aufs Altwerden, bei diesem Gedanken."

Das Konzept schwebt ihm schon vor. Auf diesem Bauernhof sollen alle älteren Personen eine fixe Aufgabe übernehmen. „Jeder, was ihm zuzutrauen ist. Der eine kann vielleicht noch ein Feld bestellen, die andere sich um die Hühner kümmern, die Gemütlichen sollen beim Einsackeln der Kräuter helfen. Die sind nicht mehr so schnell in dem Alter. Aber die machen das sehr, sehr super." Und aus dem Verkauf der Produkte, den sie gerne über seine Kanäle abwickeln können, finanziert sich das Ganze sogar noch. Das soll aber auch keine Ghetto-Party werden. Die Kinder vom „Energiereich" sollen auch regelmäßig vorbeikommen. Sie sollen dort von den Alten lernen, wie sie mit der Natur umzugehen haben. Mit Respekt. „Die Alten wissen ja so viel. Und die Kinder wollen ja so viel lernen." Eigentlich ist so ein Projekt sehr logisch.

„Keine Ahnung, warum das bisher noch keiner gemacht hat und stattdessen sowohl die Kinder als auch die Alten in heimähnlichen Institutionen diszipliniert werden, anstatt sie im lebenslustigen Austausch voneinander lernen zu lassen", meint er. Doch, ja: Klingt logisch. Dieses Miteinander hat Gutmann schon in der Firma auf einer anderen Ebene erfolgreich installiert. Das ist sein Mittagstisch. In der Betriebskantine kochen zwei Damen aus der Verpackungsabteilung für alle Mitarbeiter. Die sitzen an großen Biertischen beisammen. Ausgegeben wird das Essen auf großen Vorlegetellern und in großen Suppenschüsseln. „Es tut gut, wenn man gemeinsam von einem großen Teller nimmt. Sich vielleicht auch gegenseitig bedient. Das schafft Vertrautheit, Nähe, Respekt", sagt Gutmann. Die beiden Damen kochen wunderbar bodenständig. Es schmeckt wie bei der Mama, wenn man hier eingeladen ist. Und die beiden leidenschaftlich aufkochenden Damen werden am Freitag für ihre Leistung mit einem freien Tag belohnt. Da wird der Name dieses Tages endlich seinem Namen mal wieder gerecht. Die Mitarbeiter haben ohnehin nachmittags frei, am Freitag. Da brauchen sie keinen Mittagstisch mehr.

„Ich glaube, es ist wichtig, dass wir normale Leute geblieben sind", sagt Gutmann. Wir fahren jetzt wieder aufs Land raus. Er möchte mir sein Lieblingswirtshaus zeigen. Das ist in Armschlag. Wir fahren durch Dörfer, die seltsame Namen haben. Erstaunlich ist auch, dass Kleingöttfritz irgendwie größer wirkt als Großgöttfritz. Aber egal.

„Vielleicht ist es kindisch. Aber wir wollen eben alle in der Gaudi alt werden", sagt Gutmann. Es ist stockdunkel. Nur die Sterne leuchten. Ein wenig fühlt man sich in der Nacht im

Waldviertel an „Raumschiff Enterprise" erinnert. Man hat das Gefühl, mit seinem Transporter in die unendlichen dunklen Weiten des Waldviertels zu fliegen. Und irgendwann wird Armschlag auftauchen. „Weißt du, es ist irgendwie auch ein gutes Gefühl, wenn man weiß, dass man nix verdreckt hat auf der Erde während dieser Zeitspanne von der Geburt bis zu seinem Tod." Ich muss an den komischen Begriff „Lichtverschmutzung" denken. Die gibt es in den Städten, weil dort jeder glaubt, er müsse seine Existenz permanent zum Leuchten bringen. Dort gibt es Bewegungsmelder, die Licht machen, und Reklame, die Licht macht, sowieso. Überall haben wir in den Städten ein blinkendes Leuchten. Im Waldviertel blinkt manchmal ein Leuchten auf. Das ist der Unterschied.

Ein Blick in den Newsticker meiner Zeitung: „Feuerwerkskörper aus Kinderarbeit." Das interessiert mich jetzt. Da ist zu lesen, dass ein Großteil von Feuerwerkskörpern, die weltweit verkauft werden, aus einem einzigen indischen Dorf stammt. Um die Sicherheitsauflagen zu umgehen, wird sehr viel davon in den privaten Unterkünften produziert. Ein Foto zeigt ein Kind mit verschwollenen, schwarz umrandeten Augen. Es bastelt gerade einen Kracher. Die Kinder tun das für einen Hungerlohn. Viele seien gestorben in den letzten Jahren, heißt es weiter. Weil es zu Explosionen kam und die Stoffe, mit denen sie hantieren, zum Großteil giftig sind und das ein kleiner Menschenkörper nicht lange aushalte. Bisher dachte ich, es sei eine reine Privatangelegenheit, wenn jemand sein Geld in der Silvesternacht verpulvern will. Jetzt habe ich den Eindruck, dass jede dieser Raketen ebenso gut mitten in das indische Dorf gefeuert werden könnte. Das wäre ein ehrlicheres Bild. „Die Hilfsorganisationen betonen, dass man an der Kinderarbeit nicht rütteln solle, weil diese die Existenzgrundlage ihrer

Familien sichere", ist noch zu lesen. Natürlich soll man Kinderarbeit nicht verbieten, denke ich mir noch. Das werden die Mitarbeiter der NGOs vor Ort schon in Ordnung bringen – irgendwann.

Gutmann erzählt weiter. Dass wir alle im Bewusstsein verankern sollten, dass uns auf dieser Welt ja nichts gehört. „Im besten Fall darf ich etwas verwenden – es weiterentwickeln." Mit dieser Einstellung ausgestattet, könne man das Unternehmertum eigentlich recht locker angehen. „Was ich tue?", fragt er. „Ganz einfach. Ich bezahle meine Rechnungen und Steuern. Und ich bin überzeugt, dass wir in diesem Sinn weiter wachsen werden. Langsam, aber sicher." Wichtig sei die Kommunikation. Wahrzunehmen, wer eigentlich aller Anteil am Erfolg habe. Und diese Anteilnahme würdigen: mit gerechter Bezahlung und aufrichtigem Respekt vor der Leistung. „Wir verändern, entwickeln weiter. Geben Denkanstöße", sagt er. Hin und wieder müsse man eben mit einem Ruck etwas Neues einführen. Das habe auch er gegen erste Widerstände getan. Das erinnert an einen Satz von Henry Ford: „Wenn ich ausschließlich meine Kunden gefragt hätte, was sie wollen, sie hätten wohl schnellere Pferde und keine Autos gewünscht." Henry Ford erscheint heute bei vielen Menschen in einem schiefen Licht. Weil sein Name für die Erfindung des Fließbands steht. Das stimmt schon. Aber das Fließband ermöglichte seinerzeit nicht nur den Traum vieler Menschen, sich endlich ein Auto leisten zu können. In der damaligen Arbeitswelt gab es auch weitaus schlimmere Arbeitsverhältnisse, als etwa „nur am Fließband" zu stehen. Anfangs, so wird berichtet, hätten sich Menschen sehr gefreut, einmal in einen leichter überschaubaren Arbeitsprozess eingebunden zu sein. Das Fließband kann durchaus als gutes Werkzeug bewertet werden –

das später missbraucht wurde. Die Menschen hätten nur besser eingesetzt werden sollen.

Gutmann will nichts versprechen. Aber er glaubt, wenn er weiterhin das Wohl des Menschen und der Natur im Auge behalte, müsste er moralisch und wirtschaftlich recht gut über die Runden kommen. Wir sind kurz vor Armschlag. Ich rufe noch schnell ein paar Zitate von Henry Ford mittels Smartphone ab. Praktisch ist es schon, so ein Smartphone. „Erfolg besteht darin, dass man genau die Fähigkeiten hat, die im Moment gefragt sind." Das hat er bewiesen, der Gutmann. Hoffentlich hält er das durch. Mit dem wachsenden Erfolg wird auch die Luft in der Wirtschaft dünner. Diesen Satz könnte Ford übrigens für Gutmann reserviert haben: „Unsere Fehlschläge sind oft erfolgreicher als unsere Erfolge." Und dazu zählt weiters: „Das Geheimnis des Erfolgs ist auch, den Standpunkt des anderen zu verstehen." Auch das hat er gut erkannt, der gute alte Ford. Und diese Sätze sollen nur beweisen, dass es dieses Denken Gutmanns schon länger gibt. Es ist ein Muster für Erfolg.

Für den Erfolg seiner Firma lässt auch Gutmann all das – womöglich unbewusst – einfließen. Dieses Einbinden des anderen in seine Vision. Diese Toleranz gegenüber dem Andersdenkenden. Diese Hoffnung, von anderen lernen zu können. Das nimmt er dann dankbar an und verwendet dieses neue Wissen, um von innen etwas Neues entwickeln zu können. In dieser Tradition ist er mit Henry Ford geistesverwandt. Ford baute erfolgreich Autos. Gutmann bringt erfolgreich gute und gesunde Lebensmittel unters Volk. Und was beiden wohl auch bereits in ihre Wiege gelegt wurde und Henry Ford zurück zu seinem guten Einfühlungsvermögen in die Natur führt, beschreibt ein origineller Satz von ihm recht schön:

„Enten legen ihre Eier in aller Stille. Hühner gackern dabei wie verrückt. Die Folge: Alle Welt isst Hühnereier." – „Aha", sagt Gutmann, nachdem ich ihm das Zitat vorgelesen habe. „Das sage ich auch immer. Habe gar nicht gewusst, dass das vom Ford ist."

Die guten Ideen seien in seiner Firma dagegen zumeist in aller Stille ausgebrütet worden. Vor allem was den Produktionsablauf betrifft. „Die Verbesserungsvorschläge kamen bei uns immer von Leuten, die in ihrem vorigen Beruf mit Maschinen zu tun hatten", erzählt er. Und gerade bei Menschen, die mit Maschinen zu tun haben, sei immer enorm viel Potenzial für Verbesserungen da. Als Chef sollte man sich durchaus angewöhnen, sich über ein Mindestmaß an Faulheit seiner Mitarbeiter zu freuen. Warum? Ganz einfach: Nur wer faul ist, macht sich Gedanken, wie man Abläufe intelligenter, zeitsparender, für den Mitarbeiter bequemer gestalten kann. Und Mitarbeiter solchen Kalibers habe er mehr als genug in seiner Firma. Das sagt er mit stolzgeschwellter Brust. „Die bauen sich ihr Zeug dann auch selber so um, damit sie perfekt damit arbeiten können. Und da misch' ich mich auch gar nicht erst ein. Es ist ja ihre Arbeit. Und wir ersparen uns Gelder, die wir dann erst gar nicht verdienen müssen." Denn eine neue Maschine zu kaufen, sei das eine. Sie marktfähig zu machen, sie den Erfordernissen entsprechend umzubauen, sei das andere. „Eines ist wohl jedem klar: Jede Maschine ist nur so gut wie der Mitarbeiter, der dahintersteckt." Und da sei man im Waldviertel auch noch mit der Fähigkeit gesegnet, dass man hier auf alte Lösungen setze.

Da steht etwa inmitten von Hightech-Geräten in einer Lagerhalle ein altes Trumm herum. Eine Art riesige Spindel ist das. „Spindeltrieur", sagt Gutmann hinter dem Steuer, kurz vor Armschlag. „Mit der können wir ohne Energieaufwand spezielle Beikraut-Sämereien rausholen. Die haben nämlich ein unterschiedliches Rollverhalten. Mit einer Gewichtsauslese bringst du die Beikraut-Sämereien nicht raus. Dieses Korn fliegt aus dieser Spindel raus, weil es eine andere Oberfläche hat. Einer meiner Mitarbeiter hat das noch gewusst, dass sie das früher so gemacht haben. Vor mehr als hundert Jahren. Und wir haben auf einem alten Bauernhof auch noch diese Spindeltrieur gefunden. Die ist auch älter als hundert Jahre – und macht einen super Job. Cool, gell?", sagt er. Diese Maschine sei jetzt überhaupt ein Segen. „Erinnerst du dich noch an den Riesenskandal bei der Hirse? Da gab es bei einem Diskonter Packungen, in denen auch noch Stechapfelsamen waren. Das ist gefährlich. Die wirken auf Kinder hämoglobinbindend. Das sind so schwarze Körner. Für die Kinder sind die also schädlich. Der Stechapfel gehört zu den Alkaloid-Gewächsen. Wir verwenden ja auch oft Fenchel für unsere Kindertees. Und damals haben wir diese Samen dort auch gefunden. Der Fenchel wird ja bis zu drei Meter hoch. Da wächst dieses Zeug mit und wird auch mitgedroschen. Und dann hätten wir ein Problem ohne unsere uralte Spindel." Nur noch zwei Kilometer nach Armschlag.

„Ein anderer Mitarbeiter wiederum war es leid, dass bei den Lieferungen nach Bali, Neuseeland und Fernost jedes Packerl noch mal extra eingewickelt werden musste. Der war auch genial." Wieso? „Das musste alles noch mal foliert werden. Also hat er das Drehplateau erfunden. Das hat er daheim selbst gebaut und in die Firma mitgenommen. Jetzt ist er fünfmal geschwinder. Vorher rannte er im Kreis. Man muss die Leute einfach machen lassen. Dann machen die schon was Gescheites. Da kann man als Chef ruhig drauf vertrauen, dass seine Leute für ihren Bereich was Gescheites machen wollen – sonst wären sie ja blöd."

Und man solle seine Leute nur ja nie kontrollieren, rät er. „Im Gegenteil. Je mehr du sie in ihrem Wirkungsbereich gestalten lässt, desto mehr steigt ihr Selbstwertgefühl. Ich habe eine Firma, in der gibt es 170 Chefs – und den Gutmann." Wenn man als Chef zu kontrollieren begänne, dann würde das nur „Speichelleckerei" und „Arschkriecherei" fördern. „Und das brauchen wir nicht", sagt er kurz vor Armschlag. „Jetzt zeig' ich dir gleich den Langen Hans vom Mohnwirt. Da wirst schauen." Eigentlich sei Menschenführung schon der falsche Ansatz. „Warum soll ich einen Menschen führen? Der kann eh von allein gehen. In der Arbeitswelt sollte endlich der Ansatz wieder Einzug halten, dass ich was mache, weil ich es gern mache. Verstehst du?" Ja. Freilich. „Dass man irgendwann sagen kann: ‚Hurra. Geschafft.' Verstehst du?" Ja. Schon. Kommt aber selten vor in der Welt da draußen, wenn man nicht gerade in Sprögnitz daheim sein kann. „Da braucht man diese permanente Neugierde dazu, dieses permanente Trommeln, diese permanente Freude an Entwicklungen. Wenn du müde bist und verbrannt, dann ist das schwierig. Aber wenn du selber begeistert bist, dann gelingt alles ohne Mühe. Das verstehen viele nicht. Dass man auch Vertrauen wachsen lassen kann. Wenn dieses Vertrauensgerüst erst mal steht – dann ist eh eigentlich alles ein Selbstläufer. Sicher: Das muss man schon auch pflegen, womöglich auch mal ein bisserl zurückschneiden, das hat dann wiederum mit dem unternehmerischen Verantwortungsgefühl zu tun. Und das kann und soll ruhig auch der Mitarbeiter entwickeln. Denn wenn sich ein Mitarbeiter in die Firma einbringt, dann denkt er auch unternehmerisch mit. Und solche Mitarbeiter darf man nie als Erfüllungsgehilfen dastehen lassen. Dann würde man enorme menschliche Werte verbrennen."

Der Lange Hans in Armschlag hat übrigens schon zuge-sperrt. „Ruhetag?", frage ich Gutmann. „Nein. Hat er nicht. Aber der mag auch mal seine Ruhe haben. Versteh' ich gut." Dann fahren wir eben weiter in die Schwarz-Alm bei Zwettl. Durch die schwarze Waldviertler Nacht, mit ihren lichten Momenten.

Der Blick aufs Mehr!

Haben Sie schon einmal darüber nachgedacht, was Sie überhaupt wollen? Was Ihnen wirklich wichtig ist im Leben? Also in echt. Über das, was Sie wollen, und nicht das, was Sie sich wünschen. Denn Ihre Wünsche regelt ohnehin täglich eine ganze Armee von Werbestrategen, indem sie im Minutentakt Ihr Hirn mit ihren Botschaften bombardieren. Die Wahrscheinlichkeit, dass Sie darüber nachdenken, was Sie wollen, ist nicht besonders groß. Dafür müssen Sie sich nicht schämen. Wir haben alle zu viel zu tun, um sich solche Gedanken zu machen. Sicher: Die Menschen hatten noch nie so viel Freizeit wie heute. Aber sie wurden in ihrer Freizeit noch nie so vom System an die Kette gelegt wie heute. Fast jeder hat ein Smartphone und mindestens einen Facebook-Account. Manche haben ein Haustier, einige haben sogar noch Familie.

Es gibt glücklicherweise noch immer wirklich gute Zeitungen. Die deutsche Wochenzeitung „Die Zeit" ist eines dieser Rettungsschiffe in der Medienwelt, durch die seit Jahren ein PR-Tsunami fegt. „Die Zeit" hält jedem Leser jede Woche einen Spiegel vor die Augen. Jetzt ist nicht die Rede von klugen Kommentaren – oder von den zumeist brillant geschriebenen Geschichten, die das Leben schrieb. Also von den Leistungen der Redaktion. Nein: Es ist eine Seite, die den Redakteuren in Hamburg am allerwenigsten Arbeit bereitet. Diese Seite heißt „Die Zeit der Leser". Die befindet sich immer ganz hinten. Am 27. Dezember 2012 lese ich auf der letzten Seite in der Rubrik „Was mein Leben reicher macht" folgende Einsendungen:

„Morgens um sechs mit dem Hund im Wald. Im Schein der Taschenlampe glitzern mir die Eiskristalle auf allen Bäumen und Sträuchern entgegen. Die natürliche Weihnachtsbeleuchtung", erfahren wir von Wolfgang M. aus Waldems in Hessen.

Dann schreibt Günter van M. aus Herford: „Unsere sechsjährige Enkelin Carlotta ist zu Besuch, ganz allein, darauf ist sie stolz. Weil sie schon ‚so groß' ist, will sie im Gästezimmer unterm Dach übernachten. Spätabends finden wir einen Brief im Treppenhaus: ‚Liebe Oma, ich kann nicht schlafen und möchte fragen, ob ich unten schlafen kann. Bitte ankreuzen JA oder NEIN.' Wir lugen vorsichtig ins Dachzimmer: Lotti liegt im tiefen Schlaf."

Anna B. aus Berlin hat eingeschickt: „Meine unvergleichliche Mitbewohnerin Rose, die nach einem turbulenten Jahr zurück nach Australien geflogen ist. Auf dem Küchentisch hat sie zwei gelbe Rosen hinterlassen, daran ein Zettel: ‚Ersatz.' Ist es nicht, Rose. Komm zu uns zurück!"

Und dann schreibt Monika O. aus Bozen in Südtirol: „Erster Schnee in der Stadt. Die Straßen sind spärlich weiß. In der Fußgängerzone kommt mir ein kleiner Junge entgegen. Er hat einen großen Klumpen Schnee auf den Armen. Wo mag er den allen zusammengekratzt haben? Auf seinem Gesicht das Strahlen schönster Kindheitstage. Und alle Passanten steckt er damit an."

Inge N. aus Eutin der „Zeit": „Als ehrenamtliche Sterbebegleiterin sitze ich am Bett von Frau H. Als ich mich verabschiede, sagt sie zu mir: ‚Wenn wir uns früher kennengelernt hätten, wären wir Freundinnen geworden'."

Können Sie sich vorstellen, dass in der Rubrik „Was mein Leben reicher macht" das neue iPhone vorkommt? Das neue iPad mini? 135 Likes auf Facebook für einen verlogenen Scherz, den man gemacht hat, um sich in der Öffentlichkeit wichtig zu machen? Nicht einmal die durchaus erfreuliche Nachricht der Marke „Ich habe einen Van Gogh im Keller gefunden" kann gegen diese Gefühle, die dank dieser ganz einfachen Idee wöchentlich in der „Zeit" veröffentlicht werden, ankommen. Solche wahren Gefühle sind eben unschlagbar. Sogar die Nachricht, dass Sie gestern in Strapsen aus einem Frauenschuh Joghurt geleckt haben und sich dabei seltsam erregt gefühlt haben, würde noch eher in diese Rubrik passen.

Warum aber – um Gottes willen – turnen dann so viele Menschen in riesigen Einkaufszentren herum, um dann davon, wenn sie wieder nach Hause kommen, auf Facebook zu berichten? Warum lassen sich alle von der „Ware Gefühle" einlullen? Alle wüssten eigentlich instinktiv, dass sie dabei von der Menschlichkeit abdriften. Warum tun sie es trotzdem? Ist der Mensch von Grund auf blöd? Gott sei Dank nicht.

Vor ein paar Jahren durfte ich Burkhard Ellegast kennenlernen. Das ist der Altabt des niederösterreichischen Benediktinerstifts Melk an der Donau. Im Alter von 79 Jahren schrieb er ein Buch mit dem Titel „Der Weg des Raben". Heute ist er 81. Sein erstes Kapitel nannte er „Mach es anders". Er schildert darin ein Erlebnis aus seiner Zeit als Novize. Damals hatte er sich furchtbar aufgeregt, weil Mitbrüder einer Frau am Straßenrand nicht helfen wollten – oder konnten –, weil sie sonst zu spät zum Gebet ins Kloster gekommen wären. Halleluja! Sachen gibt's. Ein paar Monate später habe er seinem Exerzitienleiter davon erzählt. Der habe ihn zunächst nur väterlich angeschaut, weil sich Burkhard wirklich sehr aufregen kann – wenn er sich mal aufregt. Dann hat sein Exerzitienleiter einen Satz zu ihm gesagt, der sein Leben prägen sollte: „Warum regst du dich darüber so auf? Mach es anders." Burkhard hielt kurz inne. Dachte nach und wiederholte diese drei Worte ganz langsam: „Mach – es – anders." Das tat er seitdem bei jeder Gelegenheit. Was dabei herausgekommen ist, sieht man, wenn man das Stift Melk, dem er jahrzehntelang vorstand, besucht. Ein Ort der Menschlichkeit, der Einkehr, auch der landwirtschaftlichen Produkte – und erst recht des ökonomischen Erfolgs.

Das Wort Produkt wird oft viel zu eng gefasst. Sicher: Romantischer klänge es, wenn man das Stift Melk als Gesamtkunstwerk bezeichnet. Aber so, wie es heute dasteht, so, wie es heute funktioniert, das, was es heute ausstrahlt, ist es auch ein Produkt des Willens und der Vorstellungskraft eines Mannes, der vor Jahrzehnten still und betroffen dastand und diese drei Wörter murmelte: „Mach – es – anders." Und auch Gott ist ja nicht zuletzt nur das Produkt der Menschen, ihrer Vorstellungskraft und ihrer Demut, zu akzeptieren, dass es ein höheres Wesen gibt, das alles regelt – zu guter Letzt. Burkhard hat für sich herausgefunden, dass der Mensch in all seinem Tun immer das für ihn Gute, Bessere und Beste finden will. Und das für ihn absolut Gute fasst er letztlich mit „Gott" zusammen. Aber da wird die Sache auch ein wenig kompliziert. Und genau an diesem Punkt verlaufen sich so viele Menschen in alle nur erdenklichen Richtungen. Denn der Mensch, sagt der Altabt, wählt eben nun mal leidenschaftlich aus den Wühltischen der relativen Güter. Also nicht etwas, was er mit Gott meint, sondern etwas, was ihm gut erscheint. Und genau da entstehe die Spannung: „Wenn der Mensch zum Weg des absolut Guten das relativ Gute wählt, dann merkt er bald einmal, dass er sich getäuscht hat", erklärt Burkhard. An sich habe er ja das Gute gewollt, falls er es aber im relativ Guten nicht gefunden habe, sei die logische Konsequenz, dass er enttäuscht ist. Das Wort „enttäuscht" ist übrigens ein sehr positives Wort. Es will uns sagen, dass wir ent-täuscht sind, daher nicht mehr länger einer Täuschung aufsitzen. Jetzt könnte man eigentlich eine gute Entscheidung treffen. Also von Gütern und Netzwerken scheiden, von denen wir wissen müssten, dass sie uns keinen Schritt weiterbringen auf dem Weg zum absoluten Gut. Haben Sie keine Angst: Ich will Sie nicht ins Kloster bringen mit dieser Beschreibung. Es geht bei diesem Beispiel nur darum, sich bewusst zu werden, dass es mehr gibt in Ihrem Leben als relative Güter. Es gilt, sich diesem „Blick aufs Mehr" zu stellen. Dieses absolute Gut kann Gott sein, es kann aber auch nur ein Fünfzeiler in der Rubrik „Was mein Leben reicher macht" der „Zeit" sein.

Der Melker Altabt Burkhard hat das in seinem Buch so ausgedrückt: „Zielt unser Tun auf die relativen Güter allein, verlieren wir unsere innere Freiheit und werden immer mehr Sklaven der Dinge, der Menschen – und unserer Selbst." Und dann wären wir endgültig allein.

Das erinnert mich auch an die berufliche Begegnung mit einem Schamanen. Der heißt Ernst Sailer und ist im Innviertel daheim. Mit ihm ging es mir anfangs so wie mit Johannes Gutmann: Ich habe ihm nicht getraut. Am Ende des Gesprächs musste ich mir freilich eingestehen, dass er mich höchst beeindruckt zurückließ: „Zu viel Mode, zu viel Lifestyle, zu viele Trittbrettfahrer", hat er zunächst über seine eigene Zunft befunden. Sailer schimpft nicht. Er mag mit denen bloß nichts zu tun haben, und schon gar nicht wollte er in der Zeitung auftauchen. „Wenn sich der Schamanismus des Systems der säkularen und materialistisch orientierten westlichen Welt bedient, geht sein Zauber verloren", hat er gesagt. Das klingt logisch. Es hat gedauert, bis er mir Glauben schenkte, dass wir außer seinem Namen keine Information zu seiner Person veröffentlichen. Er sagte, er suche keine Kundschaft. Wer ernsthaft bei ihm Hilfe suche, der finde ihn. Das klingt mystisch. Dass Menschen von solchen Dingen noch heute magisch angezogen werden, beweisen allein schon die wohl größten kommerziellen Erfolge der vergangenen Jahre in Literatur und Film: Das waren nämlich „Harry Potter" und „Herr der Ringe".

Dass es Schamanen seit Jahrtausenden gelingt, in Bewusstseinszustände wie Ekstase vorzudringen, bestreitet kein Wissenschaftler. Einer von ihnen war Raymond Prince. Er stellte die Endorphinhypothese auf. Mit dieser konnte er etwa Eigenschaften der rituellen Trance wie Analgesie, Amnesie, Euphorie und Schmerzunempfindlichkeit erklären. Während des veränderten Bewusstseinszustands, verursacht durch rhythmisches Trommeln, soll es zu einem erhöhten Ausstoß von Beta-Endorphinen kommen. Das erklärt viel, aber lange noch nicht alles. Der Schamane Sailer wiederum war, auf die Wissenschaft befragt, nur glücklich, dass es sie gibt: „Ich hätte meinen Sohn nach seinem schweren Autounfall nicht mehr heilen können. Die Ärzte im Landeskrankenhaus konnten das schon." Für Sailer herrscht keine Konkurrenz zwischen Wissenschaft und Schamanismus. Er könne dazu nur sagen, dass es auf „Mutter Erde" eben mehr als die Wissenschaft gibt. Sailer will nicht erklären, nur helfen. Und das Werkzeug, das ihm dabei zur Verfügung steht, sei Jahrtausende alt – und habe seine Wirksamkeit stets unter Beweis gestellt.

Aber allzu vieles von dem, was den Menschen guttäte, sei in den letzten Jahrhunderten ausgestorben. „Etwa die Ehrfurcht vor Mutter Erde", sagte er. Sailer hat das Wort „Welt" weitgehend aus seinem Sprachschatz gestrichen. Wer nur noch „Mutter Erde" sagt, erneuere allein schon dadurch ständig seine Naturverbundenheit. „Wenn etwa eine Indianerin ein Leben lang von ihrer Mutter ‚Morgenröte' gerufen wird, dann tut das der Indianerin auch gut. Es ist eine permanente Seelenmassage. Die Namen, die wir in unserem Kulturkreis normalerweise unseren Kindern geben, haben keinerlei Bedeutung. Sie gehen ins Leere."

Welche Menschen suchen nun Hilfe bei ihm? „Jene, denen nirgendwo mehr geholfen werden konnte." Mit welchen Krankheiten? „Rheuma, Arthritis, Probleme mit der Wirbelsäule, Haut- und Augenerkrankungen. Sogar wegen Krebs kommen die Leute zu mir." Über seine Erfolgsquote spricht er nicht. „Es hat sich nie jemand beschwert", meinte er lediglich. Was er Leuten antworte, die ihn der Scharlatanerie bezichtigen? „Wer heilt, hat recht." Man erzählt sich, dass Sailer sehr oft recht hat. Das funktioniere aber nur, wenn sich der Klient bei dem Vorgang vollständig seines „westlichen Denkens" entledigen kann. Schafft der das nicht, dann schimpft er: „Du benutzt mich – wie du Ärzte benutzt." Oder: „Ich bin kein Medikament." Dabei wäre sein Wissen über bei uns wild wachsende Heilkräuter durchaus gefährlich für den wirtschaftlichen Erfolg der Pharmaindustrie. Vor allem was die Entstehung und Bekämpfung psychischer Krankheiten betrifft. Für die Seele empfiehlt Sailer Johanniskräuter. In unseren Breiten gebe es auch genügend Pflanzen, die eine halluzinatorische Wirkung haben. „Huflattich und Stechapfel", hat er selig lächelnd behauptet: „Aber ich warne: Wer damit nicht umgehen kann, der erlebt böse Überraschungen."

Dass immer mehr depressive Menschen zu ihm kämen, erfülle ihn mit Sorge. „Die Menschen haben keine Kraft mehr", stellte der Schamane fest – und dass er dann eben versuche, diese Menschen wieder in „ihre Kraft reinzubringen". Länger als ein Jahr arbeite er aber nicht mit diesen Menschen. „Dann müssen sie gehen", sagte er streng. Psychisch krank würden die Menschen deshalb, weil sie im westlichen Alltag nur noch von anderen bemessen werden. Ein Schamane stelle dagegen die Frage: „Was bist du dir wert?"

Der Schamanismus biete den Menschen immer noch diesen „Blick aufs Mehr". Er lenkt das Bewusstsein auf die Kraft der Natur. Und vor allem darauf, wie man als Mensch von der Kraft der Natur profitieren könne. „Stell dir vor, du bist ein Baum", hat er dann mit weit geöffneten Augen gesagt. „Spürst du deine Wurzeln in Mutter Erde? Spürst du, wie du nach oben wächst? Wie deine Hände wie Zweige in den Himmel ragen?" Das hat sich tatsächlich gut angefühlt. Aber ich werde es gewiss nicht wiederholen. Überlegen Sie mal, Sie täten das inmitten einer belebten Fußgängerzone. Einfach stehen zu bleiben, dabei die Hände zum Himmel gestreckt wie ein Fußballer, dem gerade das Tor des Jahres gelang. Da würden sie schauen – in der Fußgängerzone. Vor allem wäre Ihr Ruf ruiniert. „Der steht einfach da und fühlt sich gut. Völlig durchgeknallt, der Typ." Mir geht's da nicht anders. Ich würde das auch denken. Denn so etwas tut man nicht – in unserem System. Sich in der Öffentlichkeit wohlfühlen: erst recht nicht auf einer Ameisenstraße.

„Die Ärzte sind ja inzwischen auch Gefangene des Systems und deren Patienten sind Gefangene der Ärzte", sagte Sailer. Da hat er nicht unrecht. Nach jüngsten Studien gehen derzeit bis 30 Prozent aller organischen Beschwerden europäischer Patienten auf somatoforme Störungen zurück. Somatoform heißt der medizinische Ausdruck für das, was Sailer „gestörte Seelen" bezeichnet.

Was man dagegen tun kann? „Die Menschen müssen ihren inneren Zauber wiederfinden." Das ist genau das, was die Leser der „Zeit" in der Rubrik „Was mein Leben reicher macht" beschrieben haben. Sie könnte auch heißen: „Luxus, den man mit Geld nicht kaufen kann."

Und sicher kann man heute vortrefflich darüber lachen, wenn sich Kabarettisten über Produktnamen wie „Ich hab' dich lieb"-Schokolade oder „Wach auf"-Tee lustig machen: Bei Letzterem hat sich Michael Niavarani etwa zu Recht die Frage gestellt: „Wann soll ich den trinken?" In seinem Stück hat er sich auf Damenbesuch gefreut: „Ich brauche einen ‚Zieh dich aus'-Tee", war seine durchaus verständliche Forderung an die Teefirma.

Für Gutmann bildeten diese Produktbotschaften eine wichtige Säule seines heutigen wirtschaftlichen Erfolgs. Warum? Menschen haben sich derzeitig oft nichts mehr zu sagen. Heutzutage befreunden sich ja sogar schon Ehepaare auf Facebook – kein Scherz. Drei Minuten, so sagen Statistiker, spricht ein durchschnittliches österreichisches Ehepaar täglich noch miteinander.

Die Produkte von Gutmann kauft man gern, weil sie eine positive Grundstimmung vermitteln. Sie versprechen Energie, Freude, Spaß und sogar Liebe. Also alles, was unser Leben reicher macht. Ob man sich nach dem Genuss solcher Produkte tatsächlich besser fühlt, bleibt jedem selbst überlassen. Was Gutmann gibt, sind Denkanstöße zum Essen, Trinken und Knabbern. Ja, womöglich würde sogar der „Zieh dich aus"-Tee funktionieren – wenn er charmant serviert wird.

Über die Macht dieser kleinen Zaubereien denken auch immer mehr Wissenschaftler intensiv nach. Eckart R. Straube, zum Beispiel. Er ist Professor für Klinische Psychologie und

Psychotherapie und hat eben das Buch „Heilsamer Zauber" veröffentlicht. Und wenn er in Zeitungsinterviews sagt, es sei wissenschaftlich erwiesen, dass „die Psyche das Immunsystem und das Hormonsystem beeinflussen kann", klingt das all dem ziemlich ähnlich, was der Schamane Sailer sagt.

Dem „Spiegel" entgegnete Straube auf die Frage, ob Magier heilen können: „Sie können einem Kranken einen Extra-Push zur Heilung geben. Studien zeigen: Wer regelmäßig in die Kirche geht, wer regelmäßig in der Bibel liest und regelmäßig betet, fühlt sich körperlich gesünder." Dabei, so Straube weiter, zähle allein der Glaube. Und der müsse bei Gott nicht nur der katholische sein: „Ein bisschen Feng-Shui, ein bisschen Schamanismus, ein bisschen Astrologie. Pluralismus ist eben der andere Effekt der Moderne." Der Mensch habe im Laufe der Jahrtausende eine Art Mechanismus entwickelt, dass der Glaube wirkt, dass man sich durch den Glauben sicherer fühlt. Und diesen Mechanismus brauche er nicht nur in Krankheitsphasen. Das tue ihm eben einfach gut. Weil seine Fantasie der Nüchternheit des Intellekts etwas entgegensetzt. „Wäre der Mensch auf sich gestellt mit all seinen Fähigkeiten, die Welt wahrzunehmen und zu beurteilen, aber ohne den Glauben an Götter und Geister, dann wäre er längst tieftraurig ausgestorben. An Depressionen zugrunde gegangen", sagte er dem Nachrichtenmagazin „Der Spiegel".

Bei meinem letzten Besuch in Sprögnitz hatte ich Glück. Fünf junge Damen feierten gerade den Abschluss der Testphase einer neuen Produktserie. Gutmann wollte wieder mal etwas Gutes auf den Markt bringen und die Konsumenten mit Suppen überraschen. Er wird sie „Regenbogen-Suppen" taufen. Suppen sind tröstende Speisen. Das waren sie auch immer für ihn. Er hatte sie zumindest stets als kleinsten gemeinsamen

Nenner eines geborgenen, familiären Miteinanders vor Augen. Schon als er Kind war. Das hat er sich ja auch ständig in Erinnerung gerufen, wenn seine ersten unternehmerischen Gehversuche gerade nicht so gelangen, wie er sich das gewünscht hatte.

Dieses Gefühl des Urvertrauens – und sei es auch nur als Suppe getarnt – möchte er jetzt auch in die heimischen Haushalte bringen. Es wird sich gut verkaufen, dieses Gefühl. Erst recht unter dem Namen „Regenbogen-Suppe". „Suppen haben Zukunft", glaubt Gutmann. Eine seiner Mitarbeiterinnen strahlte dabei besonders. Es war ihr letzter Arbeitstag. Weil sie ein Baby kriegt. Beim Verkosten der Suppen, die daheim im Nu gelingen, hatte sie so ein Strahlen in ihren Augen. „Das sind auch meine Babys", sagte sie. Es waren herrlich duftende Gemüsesuppen, Rote-Rüben-Suppen und Tomatensuppen, die herumgereicht wurden. So macht Convenience auch Sinn. Das sind Suppen aus biologischer Produktion, die im Handumdrehen gekocht werden können. Einfach umrühren eben.

Das sind die Hoffnungsträger für eine andere Form der Produktphilosophie. Einer der Ersten war Gutmann, aber auch der steirische Chocolatier Josef Zotter, der burgenländische Winzer mit steirischen Wurzeln Eduard Tscheppe, der Salzburger Holzhausbauer Erwin Thoma oder der Waldviertler Schuhproduzent Heini Staudinger reihen sich in diese Leuchtturmkette bereits ein – um nur ein paar zu nennen. Es werden immer mehr, die wissen, wie es auch anders gehen kann.

Ein antiker Betonflüsterer

In diesem Buch war schon viel von Genuss die Rede. So in der Art: Hier fehlt er – und dort wird er falsch interpretiert. Genuss ist zweifellos ein Schlüssel zu einem glücklichen Leben. Dass man die Sonne in sein Leben reinlassen soll. Das sagt Johannes Gutmann bei jeder sich bietenden Gelegenheit. Und dass die Freude wachsen soll. Anfangs dachte ich, dass er mit seiner ansteckenden Art nur nervt. Aber dann wurde mir eines Tages im Waldviertel bewusst, dass er vielleicht genau jener Typ war, den Voltaire vor Augen hatte, als er schrieb: „Wir werden es nie schaffen, so arglos und unbeschwert zu leben wie die Kinder und jene, die wir oft arglos Dummköpfe nennen. Aber versuchen wir es einfach auf unsere Art." Mark Twain brachte diese Aufforderung mit dem Satz „Gib jedem Tag die Chance, der beste deines Lebens zu werden" auch recht gut zum Ausdruck. Aber vor allem die antiken Philosophen haben sich darüber lange den Kopf zermartert. Obwohl „zermartern" vermutlich das falsche Wort ist. Wenn man etwa die Erkenntnisse Epikurs analysiert und versucht, diese heute anzuwenden, dann erscheint dieser Mann eher als jemand, der sehr viel Genuss an seiner Arbeit gehabt haben muss. Epikur? Ja, genau. Wer das noch mal war? Schlagen wir doch schnell im Lexikon nach.

„Epikur (griechisch Ἐπίκουρος, Epíkouros; geboren um 341 v. Chr. auf Samos, gestorben um 270 v. Chr. in Athen) war ein griechischer Philosoph und Begründer des Epikureismus.

Diese im Hellenismus parallel zur Stoa entstandene philosophische Schule hat durch die von Epikur entwickelte hedonistische Lehre seit ihren Anfängen zwischen Anhängern und Gegnern polarisierend gewirkt. Sie war und ist durch ein verbreitetes Missverständnis des epikureischen Lustbegriffs Fehldeutungen ausgesetzt. Nach dem Garten, in dem Epikur und seine Anhänger sich versammelten, wird dessen Schule auch Kepos genannt."

Schon eingeschlafen? Das würde mich nicht wundern. Die Lektüre im mittlerweile wohl populärsten Nachschlagewerk der Moderne über einen Säulenheiligen des Genusses ist schwere Kost. Diese zu verdauen bereitet naturgemäß keinen Genuss. Aber schließen sich Genuss und Arbeit nicht sowieso aus? Keineswegs. Sie wünschen sich ja auch eine genussvolle Lektüre. Und Genuss kann nur bereiten, wer sich seiner Arbeit mit Genuss widmet. Doch Genuss bleibt eben relativ.

Das sieht man beispielsweise beim Thema Rauchen. Für Raucher ist es ein Genuss, wenn der Rauch aufgeht. Und das Lexikon gibt ihnen recht. „Tabak ist ein Genussmittel", steht da zu lesen. Nichtraucher wiederum betrachten Tabakrauch dagegen als Überlebenstraining – und die Warnungen des EU-Gesundheitsministers geben auch ihnen recht. Der ließ „Rauchen verursacht Impotenz" auf die Packungen schreiben. Oder noch schlimmer: „Rauchen ist tödlich." Was lernen wir daraus? Genuss kann alles sein: Poesie, Hingabe, Schmerz und irgendwann wird er uns zum Tod führen. Aber das tut auch das Leben. Ist Genuss also mit dem Leben gleichzusetzen? Ja. Das wäre der Idealzustand. Wenn man kurz vor seinem Tod rückblickend sagen kann: „Mein Leben war ein Genuss."

Aber wie macht man das – genussvoll leben? Ganz sicher nicht, indem man sich totalen Vorstellungen hingibt. Also stelle ich folgende Behauptung des Philosophen Robert Pfaller in den Raum: „Es wäre unvernünftig, vernünftig zu leben. Die Vernunft würde nämlich zu etwas Unvernünftigem, das die Unvernunft unerbittlich verfolgt und auslöschen will."

Um zu zeigen, wie man sich bei der Suche nach Genuss verzetteln kann, bleiben wir am besten gleich beim Thema Rauchen. „Extreme Rauchgegner wollen keine erträgliche Regelung für alle, sie wollen totale Reinheit. Und die ist gefährlich. Denn anstatt zu fragen, wofür wir leben, fragen wir uns heute nur noch, wie wir möglichst lange leben. Wir mäßigen uns ohne Maß und Ziel." Auch das ist eine Erkenntnis von Pfaller, die er in seinem Buch „Wofür es sich zu leben lohnt" veröffentlicht hat. Eine zentrale Aussage seiner Überlegungen lautet, dass ein Merkmal unserer Epoche ein ganz bestimmtes Krankheitssymptom darstellt, das am besten mit einem allseits bekannten Werbespruch zusammengefasst werden kann: Der klingt so spröde wie genussfeindlich und heißt: „Geiz ist geil!"

Menschen werden heute dazu angehalten, ihr Leben als Sparguthaben zu betrachten und eifersüchtig darauf zu achten, dass ihnen niemand etwas davon wegnimmt. Das, so Pfaller, sei eine Vorsicht gegenüber dem Leben, die das Leben selber töte. Sie führe zu einer vorzeitigen Leichenstarre: „Wir trachten danach, dem Genuss den Stachel zu ziehen", fährt er fort. Aber was ist der Genuss ohne Stachel? Eine Rose ohne Dornen. Wollen wir solche Rosen? Die folgenden Fragen Pfallers regen auch zum Nachdenken an: „Wohin hat uns diese Entwicklung, dem Genuss den Stachel zu ziehen, geführt? Zu Bars und Cafés ohne Tabakkultur, zu Bier ohne Alkohol, zu Kaffee ohne Koffein, zu Schlagsahne ohne Fett, zu virtuellem Sex ohne Körperkontakt." Die Liste ließe sich beliebig weiterführen. Wovor haben wir heute also Angst in unserem Leben? Wir haben Angst, das Falsche zu tun, um zu einem erfüllten Leben zu gelangen.

Es gilt also, die Angst (oder zumindest die Unsicherheit), das Falsche zu tun, um zu einem erfüllten Leben zu gelangen, zu bezwingen. Andernfalls werden uns allzu viele Fragen und Ängste ein genussvolles Leben verleiden. Wer hat sich nicht schon aller den Kopf mit Fragen darüber zermartert, was Genuss nun wirklich ist? Der heilige Augustinus etwa. Der kam nach jahrelangen Überlegungen zu folgendem – auch nicht gerade endgültigem – Schluss: „Bei der Frage nach dem Genuss ist es wie mit der Frage nach der Zeit. Jeder redet davon, doch wenn man fragt, was das ist …? Es gibt kaum Antworten."

Versuchen wir das Streben nach Genuss einzugrenzen. Er hat – das wurde schon angedeutet – ganz ohne Zweifel mit Lust zu tun. Über die hat sich Epikur jahrzehntelang den Kopf zerbrochen – er kam zu diesem Ergebnis: Das noch durch keinerlei soziale Konditionierung geprägte frühkindliche Empfinden gibt die natürliche Richtung menschlichen Strebens an: Die Lust zu suchen und sie gegebenenfalls auch lautstark einzufordern – was auch bedeutet: Unlust ist zu vermeiden. Epikur meinte, man spüre das eben, wie man fühle, „dass das Feuer wärmt, der Schnee kalt und der Honig süß ist."

Die starken Schwankungen, denen das kindliche Lust- und Glücksempfinden ausgesetzt sind, können in der Jugend durch das Hinzukommen vernunftgegründeter Einsicht unter Kontrolle gebracht und allmählich in stetigere Bahnen gelenkt werden. Einsicht und stabile Daseinslust bedingen einander: Die Einsicht unter Kontrolle weise in einer Art „Lust-Unlust-Kalkül" den Weg zu einem Höchstmaß an Lebensfreude und zur Vermeidung von Unlust. Ohne diese Funktion und Ausrichtung aber wäre die Fähigkeit, vernünftig zu denken, aus der Sicht Epikurs nutzlos, wie er mit einer Spitze gegen die philosophische Konkurrenz in dem Brief an Menoikeus ausgeführt hat: „Daher ist die Einsicht sogar wertvoller als die Philosophie: Ihr entstammen alle übrigen Tugenden, weil sie lehrt, dass es nicht möglich ist, lustvoll zu leben, ohne einsichtsvoll, vollkommen und gerecht zu leben, ebenso wenig, einsichtsvoll, vollkommen und gerecht zu leben, ohne lustvoll zu leben." Epikur kam schließlich zu dem Schluss, dass die maßgebliche Bedeutung für das Verständnis seines Lustprinzips nicht zuletzt durch die Unterscheidung zwischen katastematischer Lust (im Sinne anhaltender Daseinslust) und kinetischer Lust (im Sinne der Lustvariation) zu begründen ist. Letztere hat dann – und nur dann – ihre Berechtigung, wenn sie in der Art der Ausübung beziehungsweise des Ausgelebtwerdens die Daseinsfreude am Ende nicht beeinträchtigt. Umgekehrt aber muss und wird es der Lebensfreude des sattelfesten Epikureers keinen Abbruch tun, wenn es an der Gelegenheit zur Lustvariation fehlt.

Aber sehen wir uns weiter um und geben doch einfach mal das Wort „Genuss" in der Google-Suchmaschine ein. Ein halbwegs tüchtiger Computer spuckt in 0,05 Sekunden satte 19,600.000 Treffer aus. Und die Überraschung, welche Treffer das sind, hält sich dann auch in Grenzen. Auf die Schnelle ist in erster Linie Werbung für Restaurants, Wellness-Hotels, Touristikdestinationen, Feinkost- und andere Warenhändler zu finden. Jeder Bereich für sich ist eine Spielwiese für Krämerseelen. Wir wären aber auf der richtigen Fährte. Denn Genuss ist stets die Vermischung verschiedenster Sinneserfahrungen. Ja, Essen ist Genuss, die Erholung in einem schönen Hotel natürlich auch, ein Urlaub sowieso und ein ergonomisch gut geformter Bürosessel verspricht allemal mehr Genuss als die Lektüre eines Lyrikbands unter Wasser mit Sauerstoffgerät.

Wir können uns sicher darauf einigen, dass Genuss eine Bezeichnung für eine positive Sinneserfahrung ist. Wir unterscheiden dabei kulinarische Genüsse, geistige Genüsse wie das Hören von Musik oder das Lesen interessanter Bücher sowie den körperlichen Genuss, den wir am ehesten dem Ausleben unserer sexuellen Triebe zutrauen, zumindest aber einer zärtlichen Massage. Ist aber von Genussmitteln die Rede, fallen uns zuallererst Begriffe wie Tabakwaren, Kaffee, Tee, Alkohol oder Delikatessen ein. Wir, weil wir uns so gerne mit Symbolen beschäftigen, haben da in der modernen Gesellschaft rasch die unterschiedlichsten Zeichen vor Augen. Was das Essen betrifft etwa: Da sticht dem Hungrigen auf der Autobahn sofort das Symbol gekreuzter Besteckteile ins Auge. Das ist ein ehrliches und wahrhaftiges Symbol. Denn Genuss kann man wirklich fast überall finden. Aber nur ganz selten in einer Autobahnraststätte. Das Symbol gekreuzter Besteckteile erinnert eher an das Zeichen einer ausgetragenen oder noch auszutragenden Schlacht. Dieses Symbol ist also eher als Kriegserklärung an den erhofften Genuss zu verstehen.

Was verspricht uns heute noch Genuss? Das bunte Angebot in den Supermärkten. Alles ist gegenwärtig jederzeit sofort verfügbar – und überall auf der Welt das Gleiche. Ist das Genuss? Epikur sagte: „Nein!" Eine seiner wichtigsten Erkenntnisse – das kann jeder aus eigener Erfahrung bestätigen – ist quasi mathematisch bewiesen: „Verzicht erhöht den Genuss." Wir verzehren uns in allen Belangen des Lebens immer erst dann nach etwas, wenn es gerade unerreichbar ist: nach dem Sommer im Winter und umgekehrt. Nach dem Menschen, den wir lange nicht beachtet haben, weil er ohnehin immer da war – und plötzlich weg ist. Früher träumten die Menschen werktags von einem Festtagsbraten. Und den haben sie auch dann genossen, wenn er ziemlich mager ausfiel. Oder kann es Genuss bereiten, auf Facebook über Hunderte an Freunden zu verfügen, die ihr belangloses Dasein bereitwillig jedem per Mausklick aktivierten und per Mausklick deaktivierbaren „Freund" zur Schau stellen? Nein.

Und gerade weil wir trotz des Überflusses nicht mehr genießen können, sehnen sich viele nach neuen Genüssen. Im Haubenrestaurant nach der Explosion am Gaumen, was den Beruf des Kochs zu jenem eines Chemielaboranten degradiert hat, die mit ihrer Molekularküche zahlungskräftige Gourmets mit Stickstoff vollpumpen, und seit auch diese Explosionen inflationär geworden sind, wird jetzt mit dem Ekel als Genuss gespielt. Heute kommen Quallen auf die Teller, also Tiere ohne Herz, Hirn und Blut. Für die werden in Sternerestaurants astronomische Summen bezahlt. Obwohl sie zu 99 Prozent aus Wasser bestehen. Und Genussmittel, die jeder Mensch als solche erkennt, müssen heute noch genauer als Genussmittel gekennzeichnet werden. Tee, zum Beispiel. Gehen Sie in einen Supermarkt und suchen Sie sich einen Tee aus: Sie haben die Wahl zwischen einem „Gute Laune"-Tee, einem „Ich hab' dich lieb"-Tee und sogar einen „Wach auf"-Tee kann man kaufen. Unsere Gesellschaft wird heute nur noch von Extremen dominiert. Von unerreichbaren Extremen. Das betrifft das Essen genauso wie die Sehnsucht nach Erotik. Nehmen wir bloß das Bild, welches Starköche in ihren Kochshows und Kochbüchern zeichnen. Dieses Bild erinnert doch irgendwie an Pornofilme. Nach dem Motto: „Wenn man schon überhaupt Sex hat, dann gleich so was? Wenn das gleich wieder in Sport ausartet, dann lasse ich es lieber gleich bleiben. " Wie schön ist es dagegen, auf der Suche nach der wahren Liebe einen Film mit Romy Schneider und Michel Piccoli anzusehen: Die brachten wunderbare Liebesgeschichten auf die Leinwand, die ein Ideal zeichneten, das man auch als „Normalsterblicher" noch in Reichweite empfinden konnte.

Was zeigen uns diese Beispiele? Genuss kann man nicht kaufen. Seine Zutaten schon. Der Philosoph Max Scheler schrieb den Menschen diesbezüglich einen sehr treffenden Satz in ihr Stammbuch: „Wir sind umgeben von lauter lustigen Dingen, die angeschaut werden von lauter traurigen Menschen, die nichts damit anzufangen wissen." Diese wunderschönen Dinge kosten zumeist nicht viel. Den Genuss, den Sie etwa verspürt haben, als Sie von Ihrer Mutter bekocht wurden, war und ist hoffentlich immer noch ein Luxus, den man mit Geld nur schwer kaufen kann. Denn Ihre Mutter wird gewiss nicht jeden bekochen.

Ähnliche Beispiele gibt es in allen Sinnesbereichen. Angenommen, Sie haben eine fünfjährige Tochter, die sich an der weltberühmten Partie der Königin der Nacht aus Mozarts „Zauberflöte" versucht, dann ist das für Sie gewiss tausendmal schöner, als wenn sich eine perfekt ausgebildete, aber Ihnen vollkommen gleichgültige Sopranistin daran versucht. Oft sind es erst die Fehler, die Genuss bereiten. Und damit ist keinesfalls Schadenfreude gemeint.

Es geht bei der Suche nach Genuss aber auch um die Gelassenheit, Dinge hinzunehmen, die womöglich nicht so passiert sind, wie Sie es sich erwünscht oder erhofft haben. Hierbei kann man sehr viel von der Kunst lernen. Im konkreten Fall über die Kunstform der Hinterglasmalerei, wie sie etwa der steirische Maler Christian Peneff ausübt. Er schafft es tatsächlich, Hinterglasbilder zu malen, die den Betrachter in ihren Bann ziehen. Sie saugen den Betrachter richtiggehend auf: Weil er – ganz bewusst – durch das gezielte Schaffen von Unschärfen einen 3-D-Effekt erzielt.

Was das mit dem Leben zu tun hat? „Ich war in dem Jahr in Indien auf der Suche nach mir selbst, in dem Indira Gandhi ermordet wurde", erzählte er. Bis zu dem Attentat sei der von ihm inhalierte Rauch von Räucherstäbchen nur unmerklich gehaltvoller wie die heiße Luft gewesen, die dort selbst ernannte Yogis bei ihren Vorträgen erzeugten, fuhr er fort. Erst als er mit dem Tod konfrontiert wurde, als Hindus plötzlich wahllos begannen, direkt neben ihm aus Rache für den Mordanschlag auf Gandhi Sikhs zu erschlagen, habe er begonnen, das Leben zu begreifen. Und mit seiner Art der Hinterglasmalerei machte er daraus eine neue Kunstform, die sehr viel mit Lebenskunst, also Genuss zu tun hat.

Die funktioniert so: Er malt – wie es der Name dieser Kunst schon sagt – immer auf der Rückseite des Werks, das er auszustellen gedenkt. Was dabei herauskommt, glaubt er zu jedem Zeitpunkt exakt zu wissen, weil er ja die Technik der Hinterglasmalerei beherrscht. Immer dann, wenn er das Glas wendet und betrachtet, welche Auswirkung seine Pinselstriche tatsächlich auf das Werk gehabt haben, sieht er fast immer ein – wie er sagt – „unerwartetes Ereignis". Es ist eben nicht so geworden, wie er es sich vorgestellt hat. Aber er habe eben gelernt, diese Abweichung nicht als Fehler zu betrachten, weshalb er erst gar nicht versucht, dieses „unerwartete Ereignis" zu korrigieren oder gar zu löschen.

Er akzeptiert es ganz einfach und betrachtet es als Chance, etwas viel Schöneres daraus entstehen zu lassen. Und zwar etwas dermaßen Schönes, wie er es sich in seinen kühnsten

Träumen zuvor nicht vorstellen konnte. So gestaltet er seit Jahren unermüdlich und voller Freude ein „Lebenswerk" nach dem anderen. Weil er sich auch stets bewusst ist, dass jeder Pinselstrich, den er macht, eine Erfahrung seines Lebens ist, die er vielleicht schon als Kleinkind gemacht hat. Dieser Künstler hat begriffen und umgesetzt, was Johann Wolfgang von Goethe bereits vor fast 200 Jahren in seinem Werk „Wilhelm Meisters Wanderjahre" formuliert hat: „Der echte Schüler lernt aus dem Bekannten das Unbekannte entwickeln und nähert sich dem Meister."

Das tat auch die Französin Catherine Millet. Sie wurde weltweit vor etwa zwölf Jahren bekannt, weil sie ein Buch über ihre Lust schrieb. Es heißt „Das sexuelle Leben der Catherine M." und schildert minutiös, wie sie mit wohl Hunderten zumeist unbekannten Männern Sex an unterschiedlichsten Orten hatte und dabei glaubte, ihre Lust ausleben und so ihr Leben so intensiv wie möglich genießen zu können. Aber plötzlich kam der Katzenjammer. Den schrieb sie sich mit ihrem Buch „Eifersucht" vor fünf Jahren von der Seele. Sie, die Sex mit Unbekannten brauchte wie die Luft zum Atmen, wie sie schrieb, war plötzlich am Boden zerstört, weil ihr Lebensgefährte eine jüngere Partnerin fand, mit der ihn weit mehr verband als die Lust an einem anderen, fremden Körper. Im ersten Kapitel mit dem Titel „Resümee" formuliert sie die Chance, die das nur scheinbar Unvorhersehbare mit sich bringt, folgendermaßen:

„Glaubt man nicht an Vorbestimmung, dann muss man die Umstände einer Begegnung, die wir aus Bequemlichkeit dem Zufall zuschreiben, in Wirklichkeit als Ergebnis unzähliger, an jeder Wegkreuzung unseres Lebens getroffenen Entscheidungen betrachten, die uns insgeheim zu dieser Begegnung hingeführt haben. Nicht, dass wir, und sei es nur im tiefsten Unbewussten, alle unsere Begegnungen oder auch nur die wichtigsten gesucht oder gar herbeigewünscht hätten. Vielmehr handelt jeder von uns wie ein Künstler oder Schriftsteller, der durch eine Vielzahl aufeinanderfolgender Entscheidungen sein Werk erschafft; eine Handlung oder ein Wort bestimmt nicht unweigerlich die nächste Handlung oder das nächste Wort, sondern stellt den Urheber erneut vor die Wahl. Ein Maler, der einen Tupfer Rot aufgetragen hat, kann wählen, ob er zur Abschwächung einen Tupfer Violett oder zur Belebung einen Tupfer Grün daneben setzt. "

Was damit gesagt wird? Man lebt nicht und erst recht liebt man keinen Menschen, indem man zuvor mit ihm einen Vertrag abschließt oder sich an ein geltendes Recht oder an eine herrschende Moral hält. Das Leben und die Liebe passieren genau so, wie Genuss passiert. Und beides passiert nicht einfach so. Beides hat seine guten Gründe, denn sowohl das Leben und die Liebe als auch der Genuss folgen einer Logik, die wir selbst in unserem tiefsten Inneren festgelegt haben – bewusst oder unbewusst: in diesem einen – einzigen – Leben, das uns geschenkt wurde. Wo wir unsere Liebe investieren, dorthin investieren wir auch unser Leben. Hier treffen das Leben und die Liebe zu einem genussvollen Leben aufeinander. Wir sind selbst dafür verantwortlich, ob wir ein Leben mit Genuss und noch genauer: mit der Liebe zu unserem Leben verbringen wollen. Wir haben es in unseren eigenen zwei Händen, in unserem Kopf. Wir können die Liebe, also das Leben, also den Genuss, ersticken, erdrücken – oder versuchen, ihn festzuhalten.

Wir sind alle auf einem Weg. Und unsere Ankunft wird wenig erbaulich sein: Die wird unser Tod sein. Und dieser Weg dorthin ist das Ziel eines glücklichen Lebens. Was am Ende dieses Weges bis kurz vor unserem Tod für uns herauskommen wird, kann niemand vorhersagen. Diesen Weg gewissenhaft zu gehen und sich nicht aus der Ruhe bringen zu lassen, wenn etwas Unvorhergesehenes passiert, sondern in jedem dieser Ereignisse eine Chance zu sehen und diese Ereignisse als Pflastersteine seines Weges zu nutzen – mehr können wir nicht tun.

Als vollendete Verkörperung von Epikurs Lehre gilt übrigens die Figur des epikureischen Weisen. Dessen Merkmale hat Cicero mit Berufung auf Epikur so zusammengefasst: „Er hat seinen Begierden Grenzen gesetzt; er ist gleichgültig gegen den Tod; er hat von den unsterblichen Göttern, ohne sie irgendwie zu fürchten, richtige Vorstellungen; er nimmt keinen Anstand, wenn es so besser ist, aus dem Leben zu scheiden. Mit solchen Eigenschaften ausgerüstet, befindet er sich stets im Zustand der Lust. Es gibt ja keinen Augenblick, wo er nicht mehr Genüsse als Schmerzen hätte."

Mit der doppelten Einsicht in die Unvermeidlichkeit des Todes wie in seine Bedeutungslosigkeit endet das unvernünftige, weil unstillbare Verlangen nach Unsterblichkeit. Alles Glücksstreben ist folglich auf das endliche Leben verwiesen und mündet in eine „Philosophie des Augenblicks".

Die Lösung liegt in der Vergangenheit

Ich habe beschlossen, mir frei zu nehmen und die letzten Tage bis zum Abgabetermin meines Buches im Stift Melk zu verbringen. Das tut gut. Der Altabt Burkhard Ellegast hat mir das beste Zimmer zum Schreiben zur Verfügung gestellt, das es gibt – weltweit. Ein Bett, ein Tisch, ein Stuhl, eine Lampe, ein Kasten. Und: so gut wie kein Handy-Empfang. Sehr schön.

Die Gedanken kreisen um einen meiner ersten Besuche bei Johannes Gutmann im Waldviertel. Da war es Gutmann sehr wichtig, mir so schnell wie möglich das Stift Zwettl zu zeigen. Das wird von den Zisterziensern geführt. Ich sprach ihn auf ein paar wirtschaftliche Erfolgsmeldungen an, die in den Zeitungen über seine Firma standen. Er hatte davon noch gar keine Notiz genommen. Das war erstaunlich. Aus Erfahrung kann man als Journalist heute sagen, dass die PR-Assistenten der großen Firmen gegenwärtig damit beauftragt sind, die Medien so gut wie möglich „unter Kontrolle" zu haben. „Unser Chef flippt aus, wenn wir nicht wissen, was morgen über unsere Firma in der Zeitung steht", hat mir die PR-Betreuerin eines Getränkekonzerns mal erzählt. Gegebenenfalls ist dann auch von der Möglichkeit die Rede, ein Anzeigenvolumen für die nächste Periode zurückzuhalten. Der Wind ist rau geworden in der Medienbranche. Man versucht da wie ein Baum stark verwurzelt und dennoch biegsam zu bleiben. Was die Medien betrifft, ist von Gutmann für Medienleute kein Gegenwind zu befürchten. Da herrscht bei ihm Windstille:

„Ehrlich", sagte Gutmann, während wir durch das Kloster schlenderten. „Das freut mich, wenn unsere Firma in der Öffentlichkeit gelobt wird", meinte er angesichts des positiven Medienechos, das er eben mal wieder ausgelöst hat, „aber ich habe das noch gar nicht gelesen." Warum soll er auch hektisch Zeitungsmeldungen hinterherhecheln? Er macht sein Ding. Ohne schlechtes Gewissen. Einfach gut eben. Jetzt wolle er mir nur mal seinen Kräutergarten zeigen.

„Ich kenne den Kräutergarten vom Stift Melk recht gut", habe ich ihm erzählt. Dieser Garten ist ein Baby von Pater Martin Rotheneder. Er hat ihn „Paradies-Garten" getauft. Pater Martin hat auch so eine Art „Keller der Herzen" im Melker Stift anlegen lassen. Den Ausdruck prägte der brasilianische Schriftsteller Paulo Coelho, der oft bei den Benediktinern in Melk zu Gast ist. In diesem Keller der Herzen lägen, so Coelho, die Geheimnisse eines jeden Menschen. Auch Gutmann hat ja eine ganze Garage vollgeräumt mit Dingen, die sonst keiner mehr brauchen kann. Was sind das für Leute, die instinktiv mit wachem Blick all das sammeln, was andere liegen gelassen oder gar weggeworfen haben? Ganz einfach: Das sind Leute, die ein Auge auf all das haben, was sonst verloren ginge. Womöglich für immer. Sie sind so eine Art Gegenentwurf zu Facebook. Dort ist ja alles für alle Ewigkeit für immer da. Und je peinlicher die schriftliche oder fotografische Hinterlassenschaft dort ist, desto mehr Aufmerksamkeit wird ihr zuteil.

Coelho steuerte für das Buch „Der Weg des Raben" von Burkhard Ellegast einen Text bei, in dem er sich Gedanken über den Keller von Pater Martin im Stift Melk machte. Er schrieb: „Während ich aß, wurde mir voll und ganz bewusst, dass ich einen einzigartigen Moment an einem einzigartigen

Ort erlebte, und mit einem Mal fiel mir etwas äußerst Wichtiges auf. Alle diese Dinge im Keller hatten ihren Platz und ihre Ordnung, die einen Sinn ergab. Sie waren alle ein Teil der Vergangenheit, aber vervollständigten auch die Geschichte der Gegenwart. So stellte ich mir selbst die Frage: ‚Was hat sich im Keller meiner Vergangenheit angesammelt, das für mich keinen direkten Nutzen mehr hat?' Meine Erfahrungen beziehe ich aus dem Alltag – sie sind nicht in diesem Keller, sie beeinflussen mich unaufhörlich und helfen mir ... Als ich mir den Abteikeller von Melk ansah und bemerkte, dass man sich nicht all dessen entledigen sollte, was keinen Nutzen mehr hat, begriff ich auch, dass sich im letzten und dunkelsten Winkel meiner Seele meine Fehler befanden."

Johannes Gutmann hat es nicht so mit Kellern. Wie gesagt: Seine Sammlung befindet sich in einer riesigen Garage. Gutmann sucht sein Seelenheil am liebsten im Garten. Dort hat er schließlich auch sein Glück gemacht. Mit den Kräutern, diesen „Bergen Sonderbares", so wie sie vor 25 Jahren in den Augen der Menschen noch wirkten. Als wir durch das Stift Zwettl der Zisterziensermönche spazierten, zitierte er Pachomius. Der sagte: „Der Ort im Kloster, wo man Gott am nächsten ist, ist nicht die Kirche, sondern der Garten. Dort erfahren die Mönche ihr größtes Glück." Das ist ganz schön altes Wissen. Pachomius ist ein Heiliger der römisch-katholischen Kirche. Geboren wurde er 287 n. Chr. in Ägypten. Mindestens so alt ist das Erfolgsgeheimnis eines erfüllten Lebens: das Bestellen seines eigenen Gartens. Das verriet uns auch Voltaire in seinem Werk „Candide" vor mehr als 250 Jahren. Schon damals fand Voltaire für sich heraus, dass die „schönste aller Welten", in der wir zu leben glauben, weil ja alles auf das Beste bestellt sei, zumeist eine Täuschung ist. Die schönste aller Welten sei nämlich der eigene Garten, dessen Abgrenzungen man selbst nach seinen eigenen Vorstellungen festzulegen habe. Und wer diesen „eigenen Garten" dann für sich bestelle, der komme der schönsten aller Welten schon recht nahe. Dazu müssen Sie kein Gärtner sein. Und erst recht ist damit kein Angebergarten gemeint, mit dem manche in erster Linie vorhaben, Freunde, Geschäftspartner und vor allem die Nachbarn zu beeindrucken. Sie müssen sich wohlfühlen – in „Ihrem Garten". Und der ist metaphorisch gemeint: Es reicht etwa, wenn Sie Ihren Friseursalon als klar abgegrenzten Garten begreifen und dort drinnen glücklich sind. Weil Sie ihn so gestaltet haben, dass Sie sich darin wohlfühlen und dort sogar täglich Menschen veredeln können, indem Sie deren Haare kunstvoll zurechtschneiden.

Der Garten, den Gutmann im Stift Zwettl anlegen ließ, befindet sich auf der Südseite des Klosters – wo er hingehört. Die Sonne gibt Kraft. Sie weist den Weg zum Licht – zum Leben eben. Auch an diesem Tag waren die Terrassengärten allesamt mit Schnee bedeckt. Wenn man im Jahreslauf ein paar Mal nach Zwettl fährt, dann gewinnt man überhaupt den Eindruck, dass im Waldviertel sehr oft Schnee liegt. Schneebedeckt erinnert der Klostergarten an einen Friedhof. Jetzt pflückt Gutmann im Schnee eine Blüte aus dem Boden. Damals habe ich nur ein paar Wörter in mein Notizbuch geschrieben: „Pfirsichsalbei. Die Blüte schmeckt himmlisch. Erst recht im Winter."

„Die Gesellschaft hat alles und sie kann alles", sagte Gutmann, immer noch nach Blüten unter der Schneedecke Ausschau haltend. „Aber brauchen wir das alles?" Das erinnert mich an eine Textzeile des Lungauer Musikers Fritz Messner. Der Lungau ist quasi das Waldviertel im Salzburger Land. Auch so eine vergessene Region. In diesem Lied der „Quer-

134

schläger", so der Name von Messners Band, heißt es: „Haben wir, was wir brauchen? Brauchen wir, was wir haben?" Das ist auch so eine Frage, die man sich heutzutage eigentlich nur noch in diesen vom Fortschritt „vergessenen Regionen" stellt. Man wundert sich schon ein wenig, dass so viele nach Indien, Tibet oder auf dem Jakobsweg nach Santiago de Compostela pilgern, um Erleuchtung zu finden. Ein Kurzurlaub im Lungau, Wald- oder Innviertel könnte bereits allerhand bewirken. Und das würde auch die Klimabilanz erheblich verbessern.

Es stimmt freilich: Wir sind ja alle Getriebene da draußen. Immer auf der Suche. Immer auf der Lauer. „Macht uns das glücklicher?", hat Gutmann noch gefragt. Natürlich nicht. Es macht uns ängstlicher. Immer darauf aufzupassen, nur ja nichts zu verlieren und danach zu streben, mehr von irgendetwas Unbekanntem anzuhäufen. „Das ist wie im Internet. Da glauben die Leute, dass sie so viele Freunde haben. In Wirklichkeit haben sie keinen einzigen. Die perfekte Illusion einer Freundschaft wird dir da vorgegaukelt." Mein Verleger hatte mal eine gute Idee. Unter dem Arbeitstitel „Ich bin so gut vernetzt, warum bin ich so einsam?" wollten wir diesem Phänomen nachspüren. Wir haben es gelassen. Jene Leute, die sich da tummeln, kommen sich ja zunehmend selbst schon lächerlich vor.

Gutmann meinte noch in seinem Kräutergarten: „Alles gehört täglich gelebt. Von Mensch zu Mensch. Freundschaft musst du spüren – und du musst sie pflegen. Dann wächst sie. Das ist alles, was ich tue. Mit meinen Freunden, meinen Mitarbeitern, meiner Firma. Das funktioniert super. Und das macht sogar Spaß."

Klöster als Inspiration ökonomischer Großtaten? Das klingt nicht besonders sexy. Gutmann sagt: „Klöster – früher und heute – sind nicht nur Zentren von spiritueller Einkehr und kultureller Begegnung, sondern auch Stätten wirtschaftlicher Entwicklung und landwirtschaftlicher Pioniertaten." Er hat für das Zwettler Stift ein paar Zitate gesammelt, die er auf Schautafeln zeigt. Eines zum Thema „Kräutergarten" stammt von Teresa von Ávila: „Ich betrachte gerne Felder, Wiesen, Blumen. Diese Dinge helfen mir zur Sammlung. Sie ersetzen mir die Bücher." Sein „Liebfrauengarten", also der „Hortus Mariae", wird von einem Zitat Friedrich Schillers präsentiert. Der sagte: „Ehret die Frauen, sie flechten und weben himmlische Rosen ins irdische Leben!" Dieser Garten ist Maria gewidmet. Ihr wird ja eine Vielzahl von Pflanzen zugeordnet. Vor allem jene, die in der Frauenheilkunde und der Kosmetik Verwendung finden. Der „Hortus Hildegardis" ist der heiligen Hildegard von Bingen gewidmet, die gemeint hat: „Jedes Geschöpf ist von einem anderen abhängig, alles ist miteinander verbunden und aufeinander angewiesen, alles antwortet einander und hält einander in Spannung." Seltsam: Das klingt ein bisschen nach Facebook. Das wäre ja ein gutes Instrument. Wenn nicht nur so viele Dilettanten darauf spielen und Misstöne erzeugen würden, denke ich mir beim Weitergehen.

Jene Kräuter, die der heiligen Hildegard von Bingen zugeschrieben werden, sind zumeist dazu da, um seelische Wunden zu heilen. Johanniskräuter eben. Als Gutmann mal auf einem Berg Ysop sitzen blieb, weil ein Kunde im letzten Augenblick absprang, beschloss er, nach dem Motto „Hildegard zieht immer" den „Hildegard von Bingen Energie-Tee" auf den Markt zu bringen. „Dieser Tee ist bis heute eines meiner erfolgreichsten Produkte", sagt Gutmann nunmehr – über einen Tee, der nach einer großen Denkerin des Mittelalters benannt wurde. Der Mensch war in den Augen Hildegards das Abbild des Kosmos. Wie Körper und Seele verbunden seien und im Krankheitsfall gleichermaßen behandelt werden müssen, so seien wir mit der Welt verbunden – das war ihr kluger Ansatz. Okay, den hat sie von Pythagoras geklaut. Zu dem werden wir auch noch kommen. Der logische Schluss aus diesem Gedankengang: „Deshalb hält die Natur auch die Mittel der Heilung zur Verfügung." Was aber, wenn es die Natur irgendwann nicht mehr freut, für uns Lebensmittel – also Mittel zum Leben – bereitzuhalten? Weil wir sie nicht nur ausgequetscht, sondern auch überdüngt haben? So lange, bis nichts mehr geht und nichts mehr wächst?

„Genau darum geht es mir auch in diesem Garten", sagt Gutmann. „Dass wir darauf aufmerksam machen, wie wichtig ein gut bestellter Garten für uns ist." Ein paar Meter weiter befinden sich im Zwettler Stift die „Horti Vitae" – die „Gärten des Lebens" also. Gutmann nennt ihn auch gern „Schutzengel-Garten". Denn die Engel stünden für Denken, Fühlen und Handeln. Er soll einen kleinen Vorgeschmack auf das Paradies bieten. „Da erlebst du im Sommer die ganze Farbenpracht und ein einzigartiges Dufterlebnis." Jetzt wird es immer interessanter. Da ist auch noch ein Seelengarten, der sich dem freundschaftlichen Verhältnis zwischen Hildegard von Bingen und Bernhard von Clairvaux widmet. Ihn kennen Historiker als Drahtzieher der Tempelritter. Denen wurde ja von Papst Clemens IV. übel mitgespielt. Die Vorwürfe lauteten Häresie und Teufelsanbetung. In Wahrheit, so wissen Historiker heute, hätten sie wohl zu viel gewusst. Nicht nur über Kräuter. Auch über die Kirche. Bernhard von Clairvaux, der auch prominent in Stein über dem Eingang der Zwettler Stiftskirche thront, wurde von Hildegard von Bingen oft „Adler, der in die Sonne blickt" genannt. Gutmann erklärt dazu: „Bernhard forderte die Christen auf, in sich zu gehen, weil sie da Gott finden werden." Das war natürlich eine gewagte Ansage. Eher von Aristoteles geprägt als von Heerscharen braver Amtskirchengänger, die den lieben Gott noch heute auf einem Wölkchen sitzend vermuten. Ein Überbleibsel dieses Gedankens von Aristoteles ist immerhin noch der Gruß „Grüß Gott" geblieben. Er bringt zum Ausdruck, dass man nicht Gott, sondern „Gott in jemandem" grüßt, der einem gegenübersteht.

Dieses Gespräch mit Gutmann im Stift Zwettl fällt mir jetzt wieder ein. Im Stift Melk. Wie kommt ein bekennender Agnostiker wie ich eigentlich dazu, in einem Kloster an ein anderes Kloster zu denken? Und das sogar recht dankbar, ja fast schon in zärtlicher Erinnerung? Es liegt wohl auch an dem uralten Wissen, das in Melk aufbewahrt wird. Hier lebt man nach der Regel des heiligen Benedikt. Von ihm ging das klösterliche Leben aus. Bei den Benediktinern ist die Wurzel dieses Wissens, das auch Gutmann offenbar sehr berührt hat. Dieses Wissen stammt also ursprünglich aus dem sechsten Jahrhundert, als Benedikt von Nursia gelebt und gewirkt hat.

Dem Melker Pater Martin gelingt es immer wieder vorzüglich, mich zum Nachdenken zu bringen. Das hängt vermutlich damit zusammen, dass er 20 Jahre älter ist als ich – und 20 Jahre jünger aussieht als ich. Gestern hat er mir ein Buch in die Hand gedrückt. Dieses hat Walahfrid Strabo geschrieben. Nein: Das war kein Science-Fiction-Roman.

Walahfrid war ein Benediktinerabt. Das ist schon eine Zeit lang her. Genau genommen hat er im achten Jahrhundert gelebt. Und jenes Buch, das er damals verfasste, trägt den Titel: „De cultura hortorum – Über den Gartenbau". Auf der ersten Seite ist zu lesen: „Plurima tanquillae cum sint insignia vitae, non minimum est ..." Ich erspare Ihnen das Gartenlatein. Aber übersetzt man die Zeilen, die der gute alte Walahfrid da geschrieben hat, dann wird es schon bemerkenswert: „Unter sehr vielen Zeichen des ruhigen Lebens ist es nicht das Geringste, wenn sich einer der Kunst von Paestum weiht und es versteht, die sorgsame Gartenpflege des garstigen Gotts Priapus zu üben." Paestum heißt auf Italienisch übrigens Pesto. Und die Würzpaste für Nudelgerichte ist damit auch nur am Rande gemeint. Paestum ist eine heute als UNESCO-Weltkulturerbe anerkannte Ruine in Kampanien. Sie gehört zum Ort Capaccio. So wie überhaupt fast jeder zweite Ort in dieser Region nach einer italienischen Speisekarte klingt. Gegründet wurde Paestum etwa 600 v. Chr. von den Griechen, die hier an Land gingen und dieses Fleckchen Erde zunächst Poseidonia benannten – also nach ihrem Meeresgott. Aber sie hatten hier mehr vor, als nur einen Hafen anzulegen. Etwa zwei Kilometer im Landesinneren begannen sie mit der ersten Kultivierung des Bodens Italiens. Um 500 n. Chr. war Paestum dem Untergang geweiht. Die Gegend begann zu versumpfen und die Malaria tat ihr Übriges. Die letzten Bewohner verließen den Ort, der sich langsam in einen Urwald verwandelte.

1752 wurde Paestum wiederentdeckt. Seine Magie dürfte der Ort behalten haben. Johann Wolfgang von Goethe berichtete etwa in seiner „Italienischen Reise" enthusiastisch von diesen Überresten einer längst vergangenen Epoche. Auch der deutsche Schriftsteller und Wanderer Johann Gottfried Seume besuchte jene Stadt. Das war im Jahr 1802. Er wollte die Rosen bewundern, die der römische Dichter Vergil etwa um 50 n. Chr. beschrieben hatte. Aber es seien keine mehr dagewesen, hat Seume in seinem Reisebericht „Spaziergang nach Syracus" ausführlich gejammert: Die letzten wären vor sechs Jahren von Reisenden ausgerissen worden, ließ sich Seume von seinem Wirt und Führer erzählen. „Das war nun eine erbärmliche Entschuldigung", kommentierte Seume bitter. „Ich machte ihm begreiflich, dass die Rosen von Paestum ehedem als die schönsten der Erde berühmt gewesen, dass er sie nicht musste abreißen lassen, dass er nachpflanzen sollte, dass es sein Vorteil sein würde, dass jeder Fremde gern etwas für eine paestische Rose bezahlte; dass ich, zum Beispiel, selbst jetzt wohl einen Piaster gäbe, wenn ich nur eine einzige erhalten könnte. Das Letzte besonders leuchtete dem Manne ein, um die schöne Natur schien er sich nicht zu bekümmern: dazu ist die dortige Menschheit zu tief gesunken."

Der „garstige Priapus", den Walahfrid Strabo in seinem Gartenbuch aus dem achten Jahrhundert auch noch erwähnt hat, war übrigens der griechische Gott der Fruchtbarkeit. In seinen Darstellungen sieht man ihn zumeist mit einem riesigen Penis dargestellt. Man hat eben damals geglaubt, dass nur er für die Fortpflanzung zuständig sei. Weshalb in der Antike auch noch riesige – zumeist rot bemalte – Phallussymbole in den Gärten aufgestellt wurden. Da keimt eine Vermutung auf: Warum baut jede aufstrebende Stadt in der westlichen Welt immer dann in ungeahnte Höhen, wenn es wirtschaftlich gerade besonders gut läuft? Sind die Wolkenkratzer gar eine Landkarte der Fruchtbarkeit? Der Burj Khalifa in Dubai misst 828 Meter, das Mecca Royal Clock Tower Hotel in Mekka immerhin 601 Meter. Der Taipei 101 in Taipei bringt es auf 508 Meter, und dass das große Geld derzeit vornehmlich im arabischen Raum sowie in China gemacht wird, beweist auch noch das Shanghai World Financial Center, das mit 492 Meter Höhe an vierter Stelle liegt – oder besser: steht.

Nur: Das wird Walahfrid Strabo nicht gemeint haben, als er vor 1200 Jahren weiters schrieb: „Denn wie auch immer Landbesitz geartet ist, mag der Boden schlecht sein und von Sand und Kies starren, oder mag er aus fetter, feuchter Erde schwere Früchte hervorbringen, mag er hoch auf ragenden Hügeln liegen, oder leicht zu bearbeiten, im ebenen Feld, oder mag er mit Steilhang und Graben sich sperren, nie weigert er sich, die Früchte einheimischer Pflanzen zu tragen, wenn nur deine Sorgfalt nicht in lähmender Trägheit ermattet und du dich nicht in törichtem Leichtsinn gewöhnst, die Schätze des Gärtners zu missachten, dich auch nicht scheust, die schwieligen Hände in scharfer Luft sich bräunen zu lassen, und dich nicht davor drückst, Mist aus vollen Körben auf dürres Erdreich zu streuen."

Auch das sind Sätze, die leider an den Wirtschaftsuniversitäten nicht gelehrt werden. Da ist zu viel Mühsal drin. Zu viel Selbstreflexion. Und vor allem zu viel Rücksichtnahme auf die Natur. Dieses uralte Buch von Strabo lässt die Gedanken schweifen. Es erinnert mich an ein Buch von Louis Charpentier mit dem Titel „Die Geheimnisse der Kathedrale von Chartres", das nach seinem Erscheinen in Frankreich zum Bestseller wurde. Es erschließt dem Leser sehr viel von dem unglaublichen Wissen der Epoche der Gotik.

Über die Kathedrale von Chartres sagte schon Auguste Rodin: „Cette cathédrale qui est elle-même une musique." Wenn Rodin so etwas behauptet, dann hat er sicher darüber nachgedacht. Immerhin stammt von ihm die weltberühmte Skulptur „Der Denker". Diese Kathedrale ist also – so Rodin – nichts als Musik. Für die gibt es eine schöne Definition: „Musik ist die Mathematik der Gefühle." Und diese Kathedrale ist voll mit Geheimnissen, die von Heerscharen von Mathematikern berechnet und bestätigt wurden.

Über diese Kathedrale erscheinen seit Jahren Sachbücher am laufenden Band. Die Phänomene, die darin existieren, sind vielen bekannt. Etwa das Fehlen von Radioaktivität beim Nordportal. Man geht davon aus, dass sich darunter eine Erdspalte befindet, aus der Radon entströmt. Mehr noch faszinieren aber die millimetergenau im Goldenen Schnitt ausgeführten Gebäudeteile. Oder der Sonnenstrahl, der sich jährlich pünktlich zur Sommersonnenwende seinen Weg durch eine Aussparung eines Kirchenfensters bahnt, um dann exakt einen metallenen Knopf zu treffen, der einer Fliese eingefügt wurde. Dann ist da auch noch das Labyrinth mit einer Blume im Zentrum, das aus einer Intarsienarbeit mit 365 weißen und 273 schwarzen Steinen besteht. Es weist exakt die gleichen Abmessungen und Abstände zu einem Kirchenfenster auf. Das Fenster trägt den Namen „Blume des Lebens". Sie geht wiederum auf eine Tempelanlage im alten Ägypten zurück. Die 273 schwarzen Steine weisen auf den Mondkalender hin, die 365 weißen Steine auf die Sonne. 273 ist auch die ungefähre Tagesanzahl einer Schwangerschaft.

Aber da ist noch viel mehr zu sehen in dieser Kathedrale, die im 13. Jahrhundert errichtet wurde. Am Westportal sitzt gar die Elite der antiken Denker versammelt: Cicero für die Rhetorik. Euklid für die Geometrie. Boethius für die Arithmetik. Ptolemäus für die Astronomie und Priscianus oder Donatus (da ist man sich bis heute nicht ganz sicher) für die Grammatik. Erstaunt ist der kundige Betrachter, wie stark die Kathedrale Bezug auf Pythagoras nimmt. Das Pentagramm spielt dort ebenso eine wichtige Rolle wie der Lehrsatz des Pythagoras. Pythagoras sitzt nämlich auch noch beim Westportal. Er hat die mathematischen Gesetzmäßigkeiten konsonanter Klänge entdeckt und damit die Harmonik begründet. Er gilt als Urvater der Mathematik. Gelebt hat er im fünften vorchristlichen Jahrhundert und er gilt bis heute als erster Philosoph. Das

Universum bezeichnete er als Kosmos, als ein in Schönheit geordnetes Ganzes. Darauf beruft sich ja auch Hildegard von Bingen im Kräutergarten des Stifts Zwettl, wenn sie darüber informiert, dass die Natur sämtliche Heilmittel für uns Menschen bereithalte.

Die Kathedrale von Chartres wird von Historikern und Theologen heute als eine Art „Kinderbibel" bezeichnet. Wer sich dafür interessierte, der konnte damals das gesammelte Wissen des Abendlandes in einer einzigen Kathedrale abrufen. Für den aufgeklärten Menschen mag manches, was in diesem Bauwerk zum Ausdruck kommt, etwas lächerlich wirken. Aber was hat der aufgeklärte Mensch im Gegenzug anzubieten?

Fragen Sie einen Kollegen, fragen Sie Ihre Kinder oder auch nur einen Passanten auf der Straße. „Welches Symbol sagt Ihnen heute etwas?" Die möglichen Antworten: der Apfel von Apple, das F von Facebook, der Schriftzug von Google. Aber sagen uns diese Symbole noch etwas? Oder tun sie uns etwas? Mir tun sie etwas – hier und heute im Kloster tun sie mir tatsächlich ein bisschen weh. Hier sind sie zu Symbolen des arglosen Umgangs untereinander mutiert. Es ist ein wenig so, als ob diese neuen Symbole der Menschheit ihre Erinnerung, ihre Spiritualität, ihre Würde – kurz: ihre Menschlichkeit nehmen. Weil sie uns dazu erziehen, nicht mehr in die Tiefe zu denken. Dabei droht dieses Wissen und tief empfundene Fühlen, diese Fähigkeit, die sich die Menschheit über Jahrtausende mühevoll erkämpft und „anerzogen" hat, vernichtet zu werden. Wenn es ganz schlecht kommt – für immer.

In der Stiftsbibliothek gibt es auch noch allerhand zu entdecken. Verblüffende Zahlenspiele etwa. Darunter die Tatsache, dass sich die Fünf in der Pflanzenwelt außerordentlich häufig findet. Sie fällt in der Anordnung der Blütenblätter zahlreicher

Blumen auf – allen voran bei der Rose. Das bestätigt die Wissenschaft ja auch. Und all das beeinflusst unser Zusammenleben heute noch. Sie könnten sich ruhig mal fragen, warum Sie noch nie die Kekssorte „Linzer Augen" mit zwei Löchern gesehen haben, sondern nur mit einem oder drei Löchern. Zahlensymbolik wirkt eben. Oder warum eine Hochzeitstorte mit einer geraden Anzahl von Plateaus für Unglück steht und Sie nie im Leben daran denken würden, Ihrer Liebsten einen Rosenstrauß mit einer geraden Anzahl von Rosen zu schenken. All das muss ungerade bleiben. Warum? Weil Sie eine paarweise Beziehung anstreben. So einfach ist das? Ja. So einfach ist das.

Ich spaziere jetzt mit Altabt Burkhard durch den Klosterpark. „Es ist wichtig, in Bewegung zu bleiben", sagt er. Das trifft auf ihn mehr zu als auf alle anderen. Mit seinen 81 Jahren hängt er mich locker ab. „Ich kann halt nicht langsam gehen", entschuldigt er sich. Er meint das auch im übertragenen Sinn: Der Kommunismus etwa sei ursprünglich eine sehr gute Bewegung gewesen. „Damals hatten die Geistlichen nämlich den Draht zu den Menschen verloren, weil viele von ihnen eine allzu große Nähe zu den Mächtigen aufgebaut haben. Aber leider wurde der Kommunismus mit dem Stalinismus zur Institution. Also auch zu einem starren System. So ein System hält sich nicht auf Dauer." Die Klöster, fügt er hinzu, seien bis heute weitgehend beweglich geblieben. Dass er den Vatikan auch als Institution bewertet, daraus macht er kein Geheimnis. Deshalb sei er ja auch ständig dahinter, dass wieder Bewegung in die Kirche komme.

Im Klosterpark animieren Schautafeln, die den Weg des heiligen Benedikt erklären, dazu, beweglich zu bleiben. Darauf ist etwa zu lesen: „Unterwegs zur größeren Freiheit". Da solle man sich merken, dass zur Freiheit auch die Möglichkeit gehöre, zu versagen. „Höre mit dem Herzen". Der Altabt erklärt, dass ein sinnreiches Miteinander nur dann möglich sei, wenn wir füreinander offen sind, aufeinander hören und so durch alle Unterschiede hindurch unsere Wege gehen und das tun, was wir eigentlich wollen, was uns wirklich frei macht. Der benediktinischen Aufforderung „ora et labora" hat der Altabt ein „et lege" hinzugefügt. Also: „Bete und arbeite – und lies." Weiter geht es zur Stele mit der Überschrift „Frei im Gehorsam". Damit sei gemeint, dass man Leitbilder brauche, um sein wahres Selbst zu finden, erklärt der Altabt. Diese seien eine Orientierungshilfe, um seine Triebe, Wünsche und Träume richtig einzuschätzen. Kurz darauf lädt der Slogan „Nicht starres Gesetz" zur Mahnung ein, mit rechtem Maß und Ziel ruhig ein bisschen flexibel zu bleiben. Dann macht eine Tafel mit dem Titel „Vieles ist möglich" Mut. Es gehe darum, die Verschiedenheit als Chance zu sehen. „Verschiedenheiten können – richtig gesehen – sehr befruchtend wirken", erklärt Burkhard Ellegast.

Und dann stehe ich mit dem Altabt vor der wohl wichtigsten Tafel des Parks. Sie weist darauf hin, dass man Mut und Ausdauer benötigt, wenn man etwas Großartiges schaffen möchte. Auf dem Schild steht geschrieben: „Am Anfang ist der Weg eng und schmal und steil. Aber dann …"

Ich erinnere mich, als ich Johannes Gutmann gefragt habe, wie er auf seinen Firmennamen kam. Da erzählte er mir die Geschichte, dass ihm schon als Kind im Waldviertel recht häufig die Darstellung der Sonne an den Toren von Bauernhöfen auffiel. Die hatten aber nur jene Waldviertler auf ihrem Tor, die aus der Leibeigenschaft entlassen wurden. Sie waren Adler geworden, die endlich stolz in die Sonne blicken durften. Das ist ein schönes Bild. Alles zusammen: Der Freiheitsdrang, die Selbstbestimmung und die Erinnerung an antike Philosophen, die das Werk zum Laufen brachten.

Im Stift Melk kommt man allmählich runter von den Gewohnheiten, die einem das System so eingeimpft hat. Der Newsticker etwa interessiert mich nicht mehr. Ich ziehe nur noch wahllos Bücher aus der Stiftsbibliothek hervor und blättere darin.

Spätestens nach zwei Tagen ohne mediale Einflüsse und die Annehmlichkeiten, die einen im Alltag umgeben, konzentriert man sich wieder auf die wesentlichen Dinge des Lebens: Ein Gespräch mit einem Mönch fernab von Eitelkeiten, ein Spaziergang im wunderschönen Klosterpark und – vor allem die Mittags-Horen haben es mir angetan. Damit nur ja kein Missverständnis entsteht: Das ist kein Tippfehler bei „Mittags-Horen". Horen sind Gebete. Recht schöne noch dazu. Sie werden in einer Art Frage- und Antwort-Spiel abgehalten. Aus allen möglichen Bereichen erheben im Chorgestühl einzelne Mönche das Wort, indem sie aus den Schriften des heiligen Benedikt und der Bibel kurze Passagen vortragen. Darauf antworten dann alle Mönche im Chor. Das ist sehr beeindruckend. Das gibt Kraft.

Gestern lasen sie ausgerechnet aus dem Johannes-Evangelium: „Und das Wort wurde Fleisch und es hat unter uns gewohnt." Auch das ist ein sehr schönes Bild. Sollte ich so einen Satz allerdings morgen in der Zeitung schreiben, bestünde durchaus die Möglichkeit, dass mich tags darauf zwei kräftige Herren in eine „Ich hab' mich lieb"-Jacke zwängen wollen. Aber dieser Satz bringt zum Ausdruck, was ja tatsächlich tagtäglich der Fall ist: Wörter haben eine ungeheure Kraft. Sie können furchtbar verletzen. Sie können aber auch fruchtbar sein – etwas bewegen.

Sie haben also die Wahl – bei der Wahl Ihrer Wörter. Die Wörter, die Gutmann allesamt auf seine Sackerl und Packerl schreiben lässt, sind ausnahmslos fruchtbar. Da wimmelt es nur so vor „Lieben" „Aufwachen", „Lichterglanz", „Seelentanz", „B(engelchen)" und „Gute Laune". Das mag manch einer kindisch finden, meinetwegen sogar als infantil bewerten. Aber sie tun gut. Das erinnert auch an den Schamanen Ernst Sailer. Der steht ja auch auf Vornamen wie „Morgenröte" anstatt Magdalena, die im Alltag nur zur Magdi verkommen würde. Das ist ein bisschen wie im Französischen. Während wir, wenn wir etwas höflich erfragen wollen, ein patziges „Bitte" hinknallen, sagen die Franzosen „S'il vous plaît". Also „Wenn es Ihnen gefällt". Sicher: Das verkam in Frankreich auch bei fast allen zur bloßen Floskel. Aber die Bedeutung dieser Wörter schwingt trotzdem im Unterbewusstsein mit: „Wenn es Ihnen gefällt." Dagegen bleibt bei „Bitte", obwohl höchstwahrscheinlich ehrlich gemeint, zumeist unterbewusst nur ein bitterer Nachgeschmack.

Nach der Hore wird dann im Kloster gegessen. Und das genau so, wie schon immer dort gegessen wurde. Seit Jahrhunderten. Die Suppe wird in großen Schüsseln weitergereicht. Dann folgt auf großen Tellern das Hauptgericht, das reihum geht. Das verbindet. Und genau so wird ja auch in der Betriebskantine von Gutmann gespeist, fällt mir heute ein. Nicht, dass dessen Mitarbeiter Mönche und Nonnen wären. Das sind sie ganz gewiss nicht. Ganz im Gegenteil. Aber hier wird eben so gegessen, wie im Waldviertel schon immer gegessen wurde. Und so zu essen schafft eine Verbindung unter Menschen, bei der man nicht mal viele Wörter verlieren muss. So zu essen ist übrigens auch schon unter den Schönen und Reichen wieder üblich geworden. Sepp Schellhorn, der das Restaurant im

Museum der Moderne auf dem Mönchsberg führt, bekocht in einer alten Villa während der Salzburger Festspiele stets die High Society. „In dieser alten Villa schätzen sie die Privatsphäre", erzählte Schellhorn. Und auch dort wird seit zwei Jahren nur noch gegessen wie im Kloster oder im Bauernhof. Das dürfte also spätestens in zwei Jahren wieder Trend in allen Gesellschaftsschichten sein. Und das wäre endlich ein Trend, der Sinn macht. Was haben wir in den letzten Jahren nicht alles an Blödsinnigkeiten bei den Lebensmitteln erlebt?

Kennen Sie etwa den Trend, sich mit speziellen Nahrungsmitteln klug zu essen? Das nennt man Brain Food. Und glauben Sie mir: Das funktioniert sogar tatsächlich. Es gibt Restaurants, die Brain-Food-Menüs auf der Karte haben. Das sind zumeist Lifestyle-Tempel, wo sich der Wirt für die hohen Erwartungen der Gäste mit einer exorbitant hohen Rechnung rächt. Diese bewirkt wohl auch, dass sich die Gäste nach einem Brain-Food-Menü zumindest ein bisserl klüger fühlen als zuvor. Sie wären ja schön blöd, zuzugeben, dass sie so viel Geld für Nüsse, Zimt, Kardamom und Hirseflocken bezahlt haben – und das Zeug wirkt dann nicht einmal …

Apropos „schön blöd": Beauty Food gibt es ja auch schon seit Jahren. Da versprechen die Produzenten mit kooperationswilligen Köchen und Ernährungsexperten, dass Sie vom Essen schöner werden können. Da wäre der Gegenbeweis leichter zu führen.

Eines kann man aber nicht leugnen: Mood Food macht wirklich glücklich. Das bestätigen zumindest manche Wissenschaftler. Die preisen Ananas als „Frustkiller" (schönes Wort, gell?) an und behaupten, dass Bananen „happy" machen. Chili wiederum schüttet eine Menge Endorphine aus: Und die bewirken angeblich einen „pepper high effect", der sich gewaschen hat. Muskat wiederum wirke „euphorisierend und berauschend" – wegen des Inhaltsstoffes Myristicin. Und erst Ingwer: „Der macht herrlich ausgelassen – wegen des Gingerols", verrät die Fachpresse. Ich war in einer depressiven Phase schon mal kurz davor, mir all diese Früchte zu kaufen und mir den Alltagsfrust von der Seele zu essen. Bis mir ein Freund entgegenkam. Der arme Kerl fastete seit Wochen. Das heißt: Er hat nur Obst und Gemüse gegessen. Welches? „Äpfel, Bananen, aber auch Ananas", hat er geantwortet. Ingwertee trank er auch bis zum Abwinken. Ich sage Ihnen was: So frustriert wie nach seiner Mood-Food-Kur habe ich den noch nie erlebt. Vielleicht sollten wir uns darauf einigen, dass wir einfach nur Glück haben, täglich etwas zu essen zu haben.

Mit solchen Trends werden künstlich neue Scheinwelten aufgebaut. Wenn man diese mithilfe der Bibel sowie ein paar pfiffiger Philosophen aus der Antike abklopft, dann sollte man vielleicht bei der Apokalypse des Johannes ansetzen. Also der Johannes aus der Bibel ist jetzt gemeint. Nicht der Gutmann.

Wer heute an diesen Scheinwelten kratzt, dem bläst naturgemäß ein starker Gegenwind entgegen. Aber er ist damit auch in guter Gesellschaft. Denn dieses Kratzen an der Fassade der Scheinwelten deckt sich vorzüglich mit Platons Höhlengleichnis. Das handelt davon, dass jenseits der ersten Wahrnehmung eine tiefer gehende Wirklichkeit existiert. Irgendwie erinnert mich die Geschichte mit dem Höhlengleichnis auch an den Karriereweg von Johannes Gutmann. Platon beschrieb darin ja die Probleme jener Menschen, die das Licht gesehen haben. Und ihr Problem war in Platons Höhlengleichnis, dass sie den anderen Menschen in der Schattenwelt davon erzählen wollten. Das war gefährlich. Sehr gefährlich. Denn die haben es sich ja darin so schön eingerichtet. Dort gibt es ein Feuer in der Höhle. Und dort sehen sie dank des Feuers eben auch Schatten, die an die Höhlenwand geworfen werden, und sie denken nicht im Traum daran, dass da draußen irgendwo Licht sein könnte. Echtes Licht. Ihr Vertrauen gilt den besten Schattenspielern der Höhle. Das sind jene, die als Erste vorhersagen können, welcher Schatten sich gleich abzeichnen wird. Und die sind dann natürlich sauer, die Schattenspieler, wenn plötzlich einer kommt und sagt: „Hey, ihr da unten. Ist ja alles recht lustig, was ihr da treibt. Aber dort oben ist Licht. Echtes Licht." Über den macht man sich dann nicht nur lustig – man würde ihn auch eines Tages töten: Wenn er mit seiner Starrsinnigkeit nicht aufhört. Das ist ein bisschen so wie in dem Hollywood-Film „Matrix", der das Höhlengleichnis als Science-Fiction-Version erzählt. Da stellt Morpheus ja auch die Frage: „Rote Pille oder blaue Pille?" Licht oder Schatten?

Jetzt – im Kloster – denke ich, wir sind immer noch eher an schnellen Lösungen für unsere Scheinwelten interessiert, als die Probleme an der Wurzel anzupacken. Ein Beispiel: In der Nachrichtenagentur dpa ereilte mich etwa vor ein paar Wochen eine recht interessante Meldung. „Eine neue App für Internethandys zeigt, wie man Reste von Lebensmitteln veredeln kann". Dieses durchaus löbliche Vorhaben wurde „Zu gut für die Tonne" genannt und geht auf eine Initiative der deutschen Bundesregierung zurück. In Deutschland landen jährlich 6,7 Millionen Tonnen Lebensmittel im Müll. Das sind 81,6 Kilogramm pro Bundesbürger. Das ist Wahnsinn.

In Österreich dürfte der Wert pro Einwohner ähnlich sein. Erwin Wagenhofer verriet bereits 2005 in seinem Dokumentarfilm „We Feed the World", dass täglich in Wien dieselbe Menge Brot im Mülleimer landet, die in Graz konsumiert wird. Die Reste der Grazer würden wohl für Melk reichen –

und so weiter. Das ist krank – und ein gutes Beispiel dafür, wie das System, in dem wir leben, funktioniert. Womöglich geht es irgendwann auch mal als Beweis durch, dass unser System krank ist.

Im selben Film wurde aufgezeigt, dass Streusplitt teurer ist als Getreide. Das ist nicht nur krank – das ist beinahe todkrank. Johannes Gutmann würde das Wort Reste wahrscheinlich gar nicht verwenden. Weil es fahrlässig ist, bei Nahrungsmitteln überhaupt von Resten zu sprechen. Erinnern wir uns: Es ist gar nicht so lange her, da galt es als undenkbar, dass Weißbrot und Semmeln im Müll enden – dann wurde eben ein Semmelknödel draus. Da hakt wohl auch das löbliche „Rest-App" ein. So betrachtet, werden unsere Apps immer mehr zum „Oma-Ersatz". Auch eine schöne Vorstellung.

Noch schlimmer ist der Begriff „Reste" aus ethischen Gründen, wenn er bei Fleischteilen angewandt wird. Tiere wurden früher nicht nur aus Prinzip, sondern vor allem wegen des Genusses vollständig verarbeitet. Kulinarische Haudegen älteren Jahrgangs erinnern sich heute noch gern Zunge schnalzend an „Kuhgoderl", „Fasanenmagen" oder „Lammhoden". Selbst Geschlinge und Innereien werden bei guten Köchen als Beuschel zur Delikatesse. Im Waldviertel hat mich Gutmann zum Mittagessen beim „Schönauer" in Schrems eingeladen. Dort steht immer noch geschmorte Fledermaus auf der Speisekarte. Keine Angst: In diesem Fall ist eine Fledermaus ein Fleischteil des Rinds. Aber da muss man auch wirklich kochen können, wenn man diesen verarbeitet. Weil da steckt noch Sachkenntnis und mehr Arbeit dahinter. Im Waldviertel lernt man deshalb auch, dass es besser ist, Reste zu kaufen, als Reste zu vermeiden. Wer Reste kauft, der kauft billiger ein – und weiß trotzdem, dass diese Zutaten einen Wert haben.

So hat das Gutmann eigentlich auch gemacht, denke ich mir gerade. Mit seinem Bauernhof im Jahr 1991. Mit seiner Stadtruine im Jahr 2012. Und damals, als er begann, sich für die alten Kräuter zu interessieren, im Jahr 1986: Da gingen diese Kräuter nicht einmal als Rest durch. Damals waren sie nur etwas „Sonderbares". Und dann sammelte Gutmann schon seit jeher diese liegen gelassenen Reste aus alten Bauernhöfen, Dachböden und Ruinen. Nur um dieses Zeug dann in seiner Garage aufzubewahren. Dieser Anblick war für mich – wie bereits geschrieben – nicht mehr gewöhnungsbedürftig. Denselben Tick kannte ich ja von Pater Martin im Stift Melk. Mit der Folge, dass sich ein Bestsellerautor wie Paulo Coelho in einen Ort verknallt, durch den er sonst nur gehetzt wäre – auf dem Weg zum privaten Weinkeller von Altabt Burkhard Ellegast. So gesehen, kann man diesen Keller auch als Schutzschild Burkhards betrachten. Auf einmal macht Gerümpel gleich mehrmals Sinn.

Ich habe mal sehr viel Zeit vor dem Computer verbracht. Also im Internet – bei Blogs und Ähnlichem. Das war sehr interessant. Eine Zeit lang. Dort kann man sich auch über Genussmittel informieren. Und ist auch eine schöne Spielwiese für Hedonisten. Bei den Blogs entwickeln sich dann im Internet so Selbsthilfegruppen. Der eine fragt, der andere schimpft, die andere seufzt – und so weiter. Jetzt – im Kloster – frage ich mich, ob ich damals alle Tassen im Schrank hatte. Denn: Wer sitzt schon freiwillig stundenlang vor dem Computer, nur um sich darüber zu informieren, was im Augenblick mehr Genuss verspräche, als stundenlang vor dem Computer zu sitzen? Obwohl: Vor ein paar Wochen sah ich noch ein paar lustige Angebote der Gastro-Großmärkte für die Silvestermenüs. Da gab es Pasteten aus „industrieller Handarbeit" (sic!) und die hintere Schweinsstelze um 1,79 Euro. Um den Preis muss das eine extrem arme Sau gewesen sein. Zeit im Internet zu verbringen kann schon helfen. Aber nur, um sich anzusehen, wie irre da draußen bereits alles geworden ist.

Wissen Sie, wer Silvester überhaupt war? Das war der Schutzheilige der Haustiere. Wahrscheinlich sitzt er jetzt irgendwo auf einer Wolke und schaut „Ein Schweinchen namens Babe", während der Wirt um die Ecke die Stelzen um 1,79 Euro pro Stück für seine Silvestergesellschaft bunkert. Der 31. Dezember ist also der Tag von Silvester, dem Haustier-Heiligen. Warum? Weil dieser Papst just am 31. Dezember 335 das Zeitliche segnete. Andererseits: Im katholischen Glauben ist Silvester I. auch noch für die Futterernte verantwortlich.

Und während ich über all das nachdachte, saß ich im Klosterpark des Stiftes Melk. Und genau in dem Augenblick, in dem ich mir der Macht all jener von den Philosophen formulierten Gedanken und dem daraus möglichen Handeln bewusst geworden bin – hat mir ein kräftiger Windstoß mein kleines Buch über Pythagoras aus der Hand gerissen. Es flog durch den Park und ich lief hinterher, stolperte ihm nach und dachte: Wie lächerlich muss ich jetzt – in diesem Augenblick – hier und jetzt – in den Augen der anderen Klosterbesucher wirken. Aber ich habe es dann doch erwischt, nahm es fest in die Hand und habe aus diesem Erlebnis für mich den Schluss gezogen: Die Natur ist immer stärker als der Mensch. Ihr werden wir immer hinterherlaufen. Wir werden uns an ihr erfreuen und wir werden immer wieder an ihr verzweifeln. Genauso wie an den Menschen, mit denen wir zusammenleben. Und das ist ungefähr auch das, was Johannes Gutmann so stark gemacht hat. Weil er seine Firma nicht auf dem Fundament Wachstum gebaut, sondern auf das Prinzip Stärkung gesetzt hat. „Es gibt keinen Plan", hat er mal gesagt. Und dabei an ein altes Sprichwort erinnert: „Wenn du Gott zum Lachen bringen willst, dann mach Pläne." Es gibt nur die Möglichkeit, jeden Tag Entscheidungen zu treffen. Und dabei so viel Wissen und Gefühl einfließen zu lassen wie nur irgendwie möglich. „Beides sollte gut vermischt sein. Aber wenn ich ehrlich bin, dann muss ich sagen, dass ich öfter aus dem Bauch heraus entscheide als mit dem Verstand", sagte er. Ob diese Entscheidungen richtig sind oder nicht, stellt sich oft erst sehr spät heraus. Aber worauf man jeden Tag als Barometer achten sollte: „Das ist der eigene Anblick im Spiegel. Wenn dir der gefällt, den du da siehst – dann wächst die Freude von ganz allein – Halleluja."

Die Spiegelbilder unseres Lebens

Heute ist Freitag, der 4. Januar. Ich bin zu Mittag runter nach Melk in die Stadt gegangen. Es ist ein pittoresker Ort mit einem schönen Ortskern. Auf ihr Kloster, dort oben auf dem Berg, sind die Melker ziemlich stolz. Bei den von Andreas Salcher initiierten Waldzell-Meetings trafen sich vier Jahre lang dort oben Nobelpreisträger, um Lösungsansätze für eine bessere Welt zu diskutieren. In Melk gibt es auch unendlich viele Wirtshäuser. Die meisten sind gutbürgerlich. Eines ist ziemlich weltbürgerlich. Da steht draußen ein Plakatständer: „Hühner-Kebab, 3,90 Euro". Darüber ist zu lesen: „Griechisch – Italienisch". Und „Schnitzel". Daneben: „Hirter Bier". Ich habe mir „Die Zeit" vom Vortag besorgt und im Haubenrestaurant „Gasthof Stadt Melk" ein Rehbeuschel bestellt. Nicht, weil das ein Haubenrestaurant ist. Sondern weil ich Gusto auf Rehbeuschel hatte und die 11,90 Euro tatsächlich ein adäquater Preis waren. Ich konnte in Ruhe Zeitung lesen. Ich war der einzige Gast.

In der Rubrik „Was mein Leben reicher macht" ist heute zu lesen: „‚Papa', flüstert es in meinen Traum hinein. Es ist kurz nach fünf, eigentlich noch eine Stunde bis zum Aufstehen. Meine elfjährige Tochter, die morgens sonst gern noch mal liegen bleibt, hat sich an mein Bett geschlichen. ‚Machst du mit mir einen Schneespaziergang?' – ‚Ja!', sage ich. ‚Juhu!', flüstert sie."

Na ja, denke ich. Man muss ja nicht alles glauben, was in der Zeitung steht. Ich habe auch eine elfjährige Tochter. An der werde ich mich bald rächen, indem ich sie um fünf Uhr früh aufwecke. Mit den Worten: „Guten Morgen, Anna. Mach mir einen Kakao und dann mag ich mit dir spielen." Sie würde wohl antworten: „Träum weiter."

Marion C. aus Freyung aber spricht mir heute aus der Seele. Was ihr Leben reicher macht? „30 Zentimeter Neuschnee: Arbeitsstelle, Markt, Krankenhaus – alles zu Fuß erreichbar in 10 Minuten. Ich lebe gerne hier und nicht in der Großstadt."

Was mein Leben heute noch reicher machen wird? Johannes Gutmann hat Zeit. Er kommt am Abend in das Stift Melk. Er wechselt wieder mal das Viertel. Vom Waldviertel in die Wachau. Der Altabt Burkhard und Pater Martin sind auch schon sehr neugierig auf ihn. Sie kennen ihn nur namentlich. Seine Firma sowieso. Aber dem Menschen dahinter, dem wollte vor allem der Altabt seinen Weinkeller zeigen.

Gutmann kommt pünktlich. Ich empfange ihn an der Pforte. „Das gefällt mir", sagt er. Ein fast verlassenes Kloster, weil die Besucher längst weg sind – und eine verschlossene Pforte. „Und wir dürfen da rein? Super! Und vor allem: Wir dürfen da auch wieder raus? Halleluja."

Über dem Eingangstor ist eine Sonne angebracht – fällt mir gerade auf. Ein Sonnentor? „Nein. Das ist ein Stern", sagt der Altabt ein wenig später in seinem Zimmer. „Ist auch eine Art Sonne, oder?" – „Ja freilich." Wenn man es ganz genau wissen will – wir schlagen kurz im Lexikon nach: „Ein Stern ist in der Astronomie eine massereiche, selbstleuchtende Kugel", ist da zu lesen. „In der Gastronomie auch", sagt Gutmann in Anspielung auf die sündteuren Sternerestaurants. Gutmann will wissen, warum der Altabt „Der schwarze Rabe" genannt wird. Burkhard erzählt, dass er das Tier mag. Und dass er immer, wenn er eine Botschaft, die vielleicht nicht so angenehm war, in

156

einem Märchen verpackt hat, in dem zwei Raben eine Rolle spielen. Gutmann ist da ähnlich gestrickt. Er hat stets Geschichten erzählt, wenn er in Geschäftsbeziehungen war. Von seinem Waldviertel, von seinen Bauern, von seinen Kräutern. Alles, was wächst, hat eine Geschichte. Und die soll man erzählen.

Wir machen einen Rundgang durch die Ausstellung des Stifts. 440.000 Besucher wollen diese Ausstellung im Stift Melk jährlich bereits sehen. Und es werden immer mehr. Auch das ist ein Beweis dafür, dass es die Menschen immer mehr zum Spirituellen zieht. Zum wahren Menschsein – zu einem Menschen, der sich Gedanken macht: über sich und seine Umwelt. Und vielleicht sogar über das, was über uns ist. „Die gesamte Anlage von Melk ist eine Spiegelung", erklärt der Altabt. „Was? Eine Fata Morgana?" – „Aber wo." Er eilt mit uns durch die ersten Räume. „Wenn man die Bauten des Stifts und das Gelände des Parks vergleicht, sieht man, dass die Ausmaße einander entsprechen. In der Laterne der Kuppel der Stiftskirche flattert die Taube als Symbol des Gottesgeistes." Ob denn auch im Park spiegelverkehrt eine flattere, wollen wir wissen. „So einfach hat man sich das damals nicht gemacht", antwortet der Altabt. „Da wurde spiegelbildlich exakt an der entsprechenden Stelle ein Wasserbassin errichtet." – „Wasser?" – „Ja. Taube und Wasser – beides sind Symbole des Gottesgeistes." Auch die Zahl Drei ist spiegelbildlich verewigt. Das Kloster ist ebenso in drei Teile gegliedert wie der Park, der über drei Niveaus verfügt. Und gespeist wird der Park aus einem Wasserbecken, das sich ganz oben, 70 Meter über der Donau, befindet. „Das muss man sich mal vorstellen, was sich die damals angetan haben. Unten wäre Wasser im Überfluss. Und die schufen ein Becken ganz oben", ist selbst der Altabt immer noch verblüfft.

Das erinnert mich jetzt ein wenig an jene Zeit, als Gutmann in sein 70-Quadratmeter-Haus zog, um seine Familie zu speisen. Und dass er dann dort, wo eigentlich nichts ist, auf einer grünen Wiese bei Sprögnitz einen desolaten Bauernhof übernimmt. Dass daraus eines der erfolgreichsten mittelständischen Unternehmen Österreichs entsteht, war ebenso wenig denkbar wie ein Wasserbecken, das 70 Meter über der Donau thront.

An einem Durchgang zwischen zwei Ausstellungsräumen halten wir kurz inne. Rechts ist ein Spiegel angebracht, auf dem steht: „Wer das Wort nur hört, aber nicht danach handelt, ist wie ein Mensch, der sein eigenes Gesicht im Spiegel betrachtet. Er betrachtet sich, geht weg und schon hat er vergessen, wie er aussah." Das stimmt nachdenklich. Dann blickt man auf den gegenüber angebrachten Spiegel. Auf dem sind nur zwei Wörter zu lesen: „Abbild Gottes". So ein Bild prägt sich ein. Es ermuntert aber nicht zum Größenwahn, sondern weckt Demut. „Wie ich immer sage", stellt Gutmann fest. „Du musst dir in den Spiegel schauen können. Jeden Tag. Dann kann dir nichts passieren."

Wir gehen weiter in den Spiegelsaal. „Dort drinnen kann man eine wichtige Erkenntnis gewinnen", sagt der Altabt. Er weist uns auf einen goldenen Engel hin, der sich tausendfach gespiegelt in der Unendlichkeit verliert. Dann zwinkert er uns zu, ehe er fortfährt: „Die Unendlichkeit des Engels spiegelt sich nur, weil wir einen schrägen Blick auf ihn haben. Unsere eigene Unendlichkeit sehen wir dagegen nicht." Warum? „Weil wir uns selbst im Weg stehen." Tatsächlich sehen wir uns, den Blick pfeilgerade auf den Spiegel gerichtet, nur trotzig und allein dastehen. Ein wenig später führt uns der Altabt in die weltberühmte Bibliothek. Die Melker

158

Mönche haben im 18. Jahrhundert unter Abt Urban Hauer die erste nennenswerte naturwissenschaftliche Büchersammlung Österreichs aufgebaut. Hier wurde bei den Waldzell-Meetings von 2004 bis 2008 auch die geistige Elite aus allen Bereichen der Gesellschaft begrüßt. Anton Zeilinger etwa, der Dalai Lama oder Ahmad Muhammad Al-Tayyeb, der als oberste religiöse Autorität des sunnitischen Islam gilt, haben hier angeregt diskutiert. Der Altabt ließ ihre Schriften in Metallrollen packen und in einem Regal stapeln, das die Form einer Acht hat. Über die Frage, ob die Acht zwei Nullen spiegelt, kann der Altabt übrigens herzlich lachen. „Aber wo ist dann die Spiegelung?", wollen wir wissen. „Dort oben", sagt der Altabt. Er zeigt auf ein Fresko, in dem sich ein Engel in einem Handspiegel betrachtet. „Er hält den Spiegel der Weisheit", erklärt er. Das erkenne man an der Schlange, die sich an seiner Hand entlang schmiegt. „Ausgerechnet ein Tier, das den Sündenfall symbolisiert, macht diesen Spiegel zur Weisheit?", fragen wir. „Ja. Das ist lustig", erwidert der Altabt – und dass nicht er es war, der die Symbolik der Schlange so gedeutet hat, sondern die Religionswissenschaft. Gutmann nickt zufrieden: „Es war auch eine sehr weise Entscheidung, als ich meine Scharfmacher-Gewürze und meinen (B)engelchen-Tee auf den Markt gebracht habe. Nur heilig sein kann auch schnell fad sein." – „Stimmt", sagt der Altabt augenzwinkernd. „Zum Weinkeller kommen wir auch noch."

Ein paar Meter weiter befindet sich das Stiegenhaus, in dem man hinunter in die Stiftskirche gelangt. Hier erzeugt ein Spiegel, der am Boden angebracht ist, die Illusion eines unendlich tiefen Schlunds. Dabei sind es nur zwei Stockwerke. Blickt man hinauf in die Kuppel, sieht man dort die Buchstaben M, A, R, I, A. Der Spiegel holt Maria quasi herunter, auf den Boden der kirchlichen Tatsachen.

Die wohl beeindruckendste Spiegelung erzeugen die beiden Spiegel, die im Gartenpavillon einander gegenüber angeordnet wurden. Auf dem einen steht „Geburt", auf dem anderen „Tod". Auch sie projizieren sich, wenn man einen schrägen Blick darauf hat, tausendfach in die Unendlichkeit. Es ist, als ob sich für einen Augenblick die Geburt und der Tod in der Unendlichkeit verlieren. Und in diesem Augenblick spürt man auch, dass es besser ist, dieser Unendlichkeit „keinen Mist zu hinterlassen", wie es Gutmann in einem unserer Gespräche so schön formuliert hat.

Ein paar Meter weiter, in der Gartenanlage sind drehbare Spiegel angebracht. Sie wurden auf kleinst gehackten grünen Scherben leer getrunkener Weinflaschen platziert. Man kann sie so drehen, dass Büsche, Bäume und Sträucher des Parks in die Architektur des Klosters eingefügt werden. Da wächst sie plötzlich zusammen, die vor 280 Jahren vom Baumeister angedachte Spiegelung von Gebäude und Park. Zum Abschluss führt uns der Altabt noch zu einem kleinen Pavillon im hinteren Winkel des Gartens. Auch hier sind zwei Spiegel angebracht, einer oben in der Kuppel, einer unten auf der Tischplatte. Ein Schriftzug ist darauf zu lesen. „Tief ist der Brunnen der Vergangenheit." Er spiegelt sich darin himmelwärts. Gutmann auch – einen Augenblick lang. Dieses Bild nimmt er mit nach Hause ins Waldviertel, sagt er.

Diese Ausstellung könnte auch seiner Firmengeschichte gewidmet sein. Und dass er immer gespürt hat, dass alles, was er tut, sich in irgendeiner Form in seiner Umwelt spiegelt, ist eigentlich auch kein Zufall. Gutmann war nur einer von denen im Waldviertel, die immer schon froh waren, dass sie nicht so weit vorne sind. Er hat aus dieser Bestandsaufnahme eine Stärke gemacht, die nie versiegen kann. Weil er den kurzen Weg zurück, zu einem Wissen über die wahre Menschlichkeit ging, aus der er vor 25 Jahren eine Philosophie entwickelt hat – ohne es zu wollen. Weil er sein Spiegelbild nicht satthaben wollte. So einfach ist das? Ja, so einfach ist das.

Im „Keller der Herzen"

Wie geht es uns? In unserer Gesellschaft laufen die Menschen in Scharen aus diesem System davon. Sie satteln um. Von der PR-Lady zur Krankenpflegerin etwa. Just an jenem Abend, an dem Johannes Gutmann das Stift Melk besuchte, rief ein Unternehmer bei Altabt Burkhard an, um ihm mitzuteilen, dass seine Entscheidung gefallen sei: „Ich fliege am Sonntag nach Obervolta, um ein medizinisches Hilfsprojekt zu unterstützen", wollte er ihm mitteilen. Eine Kollegin kehrte erst vor ein paar Wochen aus Äthiopien zurück und berichtete von den Warteschlangen von Patienten, die sich dort täglich vor den notdürftig ausgerüsteten Krankenhäusern bilden. Die meisten von ihnen leiden an Onchozerkose. Das ist eine Parasitenkrankheit, die durch Kriebelmücken übertragen wird. Die Parasiten wandern im Körper bis in die Augen und rufen dort Entzündungen, Blutungen und andere Komplikationen hervor – die schließlich zur Erblindung führen. „Es ist unglaublich", war sie ergriffen. „Diese Menschen träumen davon, dass ihnen eine für unsere Standards billige Operation das Augenlicht rettet – oder zurückgibt. Nur damit sie die Armut, in der sie leben, wieder sehen können. Und wir – wir, die alles haben und sogar noch Augen, um all das zu sehen: Wir sehen überhaupt nicht mehr, worauf es im Leben ankommt."

Als ich im Sommer zum ersten Mal in das Waldviertel fuhr, um Johannes Gutmann zu treffen, hatte ich mich enorm verspätet. Ich konnte mich nicht an den roten Mohnfeldern sattsehen, die vom Straßenrand bis zum Horizont reichten. Immerhin haben wir das noch nicht verlernt, in unserem System. Dann – endlich in Sprögnitz angekommen – sah ich einen Mann mit einer roten Sonnenbrille, einem lustigen T-Shirt und einem gewinnenden Lächeln. Und eine Firma auf einer grünen Wiese, in der jeder der Mitarbeiter das Gefühl erweckte, er sei ein Besucher wie eben all die anderen, die hier tagtäglich busweise ankommen, um sich dieses „Labor der Menschlichkeit" anzusehen. Ich sah, dass es die Menschen wirklich gibt, die von den Prospekten strahlen. Hier ist etwas Einzigartiges entstanden in den letzten Jahren – unbeirrt vom Lärm der Welt. In aller Stille, Bescheidenheit und vor allem mit Freude an dieser Arbeit, die in der Folge auch Freude am Leben bereitet. So etwas erlebt man heute nicht mehr oft.

Als ich das nächste Mal ins Waldviertel kam, lag bereits eine Schneedecke über den weiten Wiesen. Die Menschen waren genauso gut aufgelegt wie im Sommer. Ich habe mich verfahren und weit und breit fand ich keinen Menschen, den ich nach dem richtigen Weg hätte fragen können. Irgendwann bemerkte ich eine Frau, wie sie in der Einöde am Straßenrand stand und Schnee schaufelte. Sie erklärte mir freundlich den Weg und als ich ihr sagte, dass sie meinen Tag gerettet habe, weil ich sonst womöglich noch stundenlang im Waldviertel herumirren würde, meinte sie freudestrahlend: „Super. Da hat das Schneeschaufeln gleich doppelt viel Spaß gemacht – meine Ausfahrt ist jetzt frei und einen Salzburger habe ich heute auch noch glücklich gemacht." Es ist die Sicht auf die einfachen Dinge des Lebens, die wirklich glücklich macht, lernt man in so einem Augenblick. Das erfährt man in solch einer Situation sogar im wahrsten Sinn des Wortes – wenn man dann endlich an seinem Ziel ankommt.

Im Winter wirkt das Waldviertel wie das Kloster, in dem ich diese Zeilen nun schreibe: Es ist nicht viel da. Aber es fehlt auch nicht das Geringste. Und daraus etwas zu machen, wie es Johannes Gutmann geschafft hat, nämlich eine weltweit operierende Firma, die mit biologischen Produkten aus aller Welt handelt und in aller Welt die Menschen zumindest ein bisschen glücklicher macht. Wenn sie daheim in ihren eigenen vier Wänden einen Teebeutel in ihr heißes Wasser hängen. Und wenn sie davon träumen, dass die Welt da draußen doch nicht so ist, wie sie sich täglich darstellt – während sie das „Zauberblüten-Salz" aus der Gedankenschmiede Gutmanns über ihre Speise streuen und dabei wieder an etwas glauben, was sie lange nicht mehr gefühlt haben: nämlich dass es zauberhafte Augenblicke gibt in diesem Leben.

Daran wird man hin und wieder erinnert, wenn einem der Zufall Begegnungen mit interessanten Menschen ermöglicht. Mit dem Schamanen im Innviertel etwa, der gar nicht unbescheiden darauf hinweist, dass jedem Menschen ein Wunder im Leben zusteht. Oder jene mit Erwin Thoma. Dieser ehemalige Förster aus dem Karwendel, der jahrelang durch die Wälder streifte, ehe er sich dachte: Man muss doch auch im Holz wohnen können. Heute zählt er mit seinen „Holz100-Häusern" zu den aufstrebenden Firmen Österreichs. Mehr als 200 Häuser verkauft er jährlich schon. Auch er: Ein Zauberer der Gegenwart, der es geschafft hat, seine Vision vielen Menschen zugänglich zu machen. Oder Eduard Tscheppe, jener steirische Winzer, der im Burgenland das Gut Oggau erwarb. „Da war nix als ein karger Boden und ein Gut, das seit Jahren nur noch Traubensaft produzierte. Aber der Boden war nicht überdüngt." Seitdem macht er dort Demeterweine und erzielt damit Spitzenpreise. Weil er seinen Weinen von einer Grafikerin nach seiner Beschreibung der jeweiligen Sorten Gesichter zeichnen ließ, ihnen Vornamen gab und in einen Stammbaum einfügte.

Mit Johannes Gutmann durch das Waldviertel zu fahren, seinen Geschichten zu lauschen, wie das alles begann – das fiel für mich in den vergangenen Monaten auch rückblickend in die Kategorie „Luxus, den man mit Geld nicht kaufen kann". Wie er vor der Garage eines Waldviertler Geschäftspartners einparkte und sagte: „Er hat da für uns eine Backstube eingerichtet und bäckt dort alle unsere Kekse, die wir im Sortiment haben." Wie er vor seinem 70-Quadratmeter-Haus in Zwettl stehen blieb und nur sagte: „Die wollten mich hier eben nicht. Gott sei Dank. Halleluja." Wie er dann in Sprögnitz durch seine Firma spaziert, jeden freundlich grüßt und dann sagt, er müsse jetzt zu einem dringenden Termin. Und wie er dann – zehn Minuten später – vor dem Eingangstor seiner Firma immer noch Unkraut aus dem Pflasterboden reißt: „Ich mag das nicht, wenn es so ausschaut, wenn Besucher kommen." Das ist alles nur schwer vorstellbar. Einen Chef beim Unkrautzupfen vor seiner Firma zu beobachten. Vor allem aber brannte sich ein, wie er durch diese Stadthaus-Ruine in Zwettl ging. Wie seine Augen strahlten. Wie er die Bilder, die Gegenstände, ja sogar den Unrat zu einer Geschichte verband, die er schon im Kopf hat: Und die in den nächsten Jahren wohl Wirklichkeit werden könnte. Und dann erst seine Garage. Das ist ein Museum für bäuerliche Kunst und Kultur geworden. Ein anderer Unternehmer hätte dort einen Ferrari, einen Mercedes und zwei Familienautos stehen. Das könnte er sich leisten. Er benützt immer ein Firmenauto, das gerade zur Verfügung steht. Am liebsten nimmt er sein E-Mobil von Renault, weil seine Tochter Lea total auf dieses Automobil steht. Instinktiv wahrscheinlich. So sind sie nun einmal – diese sonnigen Kinder.

Dafür stehen in der Garage ein riesiger Leiterwagen, alte Werkzeuge … denken Sie sich etwas aus, das Sie in Ihrem Leben schon mal arglos weggeworfen haben und sich heute wünschen würden, dass Sie es noch hätten: Seine Garage ist voll damit.

Heute, einen Tag vor dem Abgabetermin des Buches, kommt Gutmann noch zu Besuch in das Stift Melk. Das war mir in dem Augenblick wichtig, als ich seine Garage sah. Weil mich die sofort an den „Keller der Herzen" von Pater Martin Rotheneder erinnert hat. Gut, da könnte man meinen: Okay. Ich habe halt auch einen Schuss. Aber diesen „Keller der Herzen" besuchte ich seitdem mit Managern, Buchhaltern, einem Rauchfangkehrer, einem Geflügelzüchter, mit meiner Familie sowieso und sogar mit einem Müllentsorger. Alle standen sie da und machten große Augen. Strahlend große Augen. Womit sie alle in guter Gesellschaft mit einem Bestsellerautor wie Paulo Coelho sind – der gewiss auch schon viel gesehen hat. Heute kommt hier also auch Johannes Gutmann zu Besuch. Er freut sich. Pater Martin erst recht. Diesen Keller müssen Sie sich so vorstellen: Man steigt in einen Transportlift, um dort hinunter zu gelangen. Dann steht man vor einer schweren Tür. Die wird geöffnet. Dahinter beginnt ein schmaler Weg, der um zwei Ecken führt. Schon hier sind zahlreiche Gegenstände zu sehen, die irgendjemand weggeworfen hat. Dann öffnet sich ein Raum mit Tischen und Stühlen. Überall Kerzenlicht, Weinregale mit verstaubten Weinflaschen drin. Ein wunderschönes Gewölbe darüber. Es wäre das schönste Kellerlokal Österreichs.

Pater Martin hat beschlossen, für seine Gäste zu kochen. Er hat zwei Elektro-Platten aufgestellt und der Tisch biegt sich vor lauter herrlich anzusehenden Zutaten. Die sehen auf den ersten Blick sogar nach Luxus aus. Weit gefehlt: „Ich habe geschaut, was in der Küche heute noch rumstand und weg muss", sagt Martin. Da standen Eier rum, Leberkäse, Schinken, Würste, Kartoffeln, Karotten, Tomaten, Oliven und Olivenöl sowieso. Pater Martin fragt nach den Speisewünschen und der Altabt zupft seinen Besuch ungeduldig am Ärmel: „Sagt's, was wollt's trinken?" Er findet wieder einmal seinen Korkenzieher nicht und macht dafür natürlich auch Pater Martin verantwortlich, der ihn sicher wieder „verschmissen" hätte. Martin weist ihn darauf hin, dass er ihn wohl selbst wieder verlegt hätte und jetzt nicht mehr findet. Burkhard schnauft – besser wissend. Pater Martin zieht dennoch los, um zwei neue Korkenzieher zu holen. „Bei euch geht's zu wie bei uns daheim", sagt Gutmann. Wir nehmen Platz. Martin kommt zurück. Burkhard legt einen der beiden Korkenzieher auf den Tisch. Dann blinzelt er uns schelmisch zu: „Und den zweiten versteck' ich jetzt. Sonst verschmeißt ihn der Martin wieder." In der Lade, in der er verschwindet, würde ich ihn jetzt auch nicht mehr finden – wenn ich einen Korkenzieher suchen würde.

Ich zeige Burkhard einige Fotos, die ich von Gutmanns Garagensammlung gemacht habe. Der Altabt reißt die Augen weit auf: „Noch so ein Spinner!" Er springt von seinem Stuhl auf und läuft zu Martin, der bereits die Zutaten in der Pfanne zu einer köstlich duftenden Restl-Speise rührt. Gutmann spitzt die Ohren: „Wow. Wer sammelt denn so was?", ruft Martin hinter seiner Säule im Keller begeistert aus. Beim Essen wird dann viel philosophiert – und konsumiert. Der Wein schmeckt wunderbar. Gut, in dieser Atmosphäre würde jeder Sauerampfer schmecken. Aber der schmeckt jetzt gerade – wie die Poeten dichten würden – wie Morgentau. „Der ist noch vom alten Jamek", sagt Martin. Die Jameks sind die Haus- und

Klosterwinzer von Melk. Martin tippt auf ein großes Foto, auf dem Burkhard mit Josef Jamek bei der Weinlese zu sehen ist. „Zwei Stunden habe ich ihm bei der Weinlese geholfen", sagt Burkhard. „20 Minuten waren es – um nur ein bisschen ehrlich zu sein", wendet Martin ein. „Aber ich war doch damals zwei Stunden im Weinberg unterwegs", erwidert Burkhard. „Ja, schon. Aber mit dem Geländewagen", entgegnet Martin. Burkhard sagt: „Sag' ich ja. Zwei Stunden war ich im Weinberg unterwegs. Und du zweifelst schon wieder." Martin rollt mit beiden Augen und Gutmann strahlt: „Super. Halleluja. Wie bei uns daheim", stellt er fest.

Es gibt jetzt den besten Wein vom „alten Jamek". „Das ist die Riede Klaus", sagt Burkhard. „Da hast du eine Aussicht auf die Donau, dass du glaubst, du stehst mitten in einer Postkarte." Er erinnert sich an ein schönes Erlebnis mit Josef Jamek. „Sagen Sie mir, lieber Abt. Eines verstehe ich nicht: In der Bibel steht, du sollst deine Arbeit im Schweiße deines Angesichts tun. Für mich war die Arbeit ein Leben lang nur Genuss. Muss ich jetzt ein schlechtes Gewissen haben?", hat er damals den Altabt gefragt. Sie müssen wissen: Josef Jamek und Burkhard waren auch zwei Seelenverwandte – was die Abneigung gegenüber Schmerzen betrifft. „Einmal habe ich bei einer Wallfahrt stundenlang knien müssen", erzählt Burkhard. „Ich habe dann nur gefragt: Warum?" Ihm sei lediglich geantwortet worden: „Das wird dich auf fromme Gedanken bringen." Mit einem Augenzwinkern fährt der schwarze, weise Rabe fort: „Ich habe damals beim Knien viele Gedanken gehabt: Es war kein einziger frommer Gedanke dabei."

Josef Jamek wurde bekannt, weil er der erste Winzer in der Wachau war, der die Weine so belassen hat, wie es die Natur vorgesehen hat. „Die waren natürlich alle ziemlich trocken", erinnert sich Burkhard. Die anderen Wachauer Winzer hätten ihn zuerst belächelt. Erst später, als Jameks Weine plötzlich bei den Reichen und den Schönen am Arlberg gefragt waren, hätten es ihm alle in der Wachau nachgemacht. Und das Beste an Jameks Pionierleistung war: „Als dann die Geschichte mit dem Glykol – also dem Weinskandal – aufgedeckt wurde: Da waren die Wachauer Winzer die Superstars. Weil sie alle naturbelassene Weine hatten. Da sieht man, wie wichtig einer sein kann, der sich rechtzeitig Gedanken macht" – und das System verlässt.

Die Geschichte kommt Gutmann bekannt vor. Es gibt da ein chinesisches Sprichwort: „Die Kopie ehrt den Meister." So etwas würde Gutmann nie sagen. Da ist er zu bescheiden. Also übernehme ich das für ihn. Gutmann hat das Waldviertel mit ein paar Mitstreitern zu einer Pionierleistung animiert, die weit in die Welt hinausstrahlt.

Martin erinnert sich jetzt daran, wie Josef Jamek oft die Weine anderer Weingüter verkostet hatte. Er habe einen Schluck genommen, das Gesicht verzogen und gesagt: „Süß." Dann den zweiten Wein. Der nächste Schluck. Gesicht verzogen: „Süß." So ging das ein paar Weine lang dahin und seiner Frau, mit der er ein Herz und eine Seele war, war schon sichtlich peinlich berührt. „Jetzt hör einmal auf mit deinem ‚süß'", hat sie ihn dann gebeten. Und Jamek: „Alles wird süßer auf der Welt, mein Schatz. Nur du nicht."

Nun werden Anekdoten ausgetauscht. Zwischen dem Waldviertel und der Wachau. Martin erinnert sich etwa noch mit Genuss daran, als eines Tages Hans-Joachim Kuhlenkampff von einer Passantin angesprochen worden ist: „Sie sind der Kuhlenkampff, gell?" – „Ja." – „Ich kenn' Sie aus dem Fernsehen: Sie schauen ja ganz anders aus als in Wirklichkeit."

Es ist schon beeindruckend, wie lange das Fernsehen bereits eine vom echten Leben vollkommen losgelöste Wirklichkeit aufbaut, fällt dem Pater dazu ein.

Der Abend fliegt in den Morgen. Gutmann und Pater Martin unterhalten sich über Kräutergärten. Aber auch über Bäume. „Wenn ich bei uns im Park eine Führung habe, dann bleibe ich immer vor einem Baum stehen und frage: Schätzen Sie mal, wie viele Blätter dieser Baum hat." Darüber habe sich noch nie jemand Gedanken gemacht. „Mein Lieblingsbaum hat 700.000 Blätter. Das kann man so ungefähr berechnen", sagt Martin. Und das Beste daran sei: „Kein Blatt gleicht einem anderen. Könnt ihr euch das vorstellen? Jedes Blatt ein Unikat. Und da bewegen sich die Menschen so gleichförmig. Die müssten sich doch bewusst sein, dass jeder von ihnen einzigartig ist."

Jetzt kommt die Rede auf die alten Bäume. „Die wollen sie immer sofort alle umschneiden, weil sie gefährlich sind. Das stimmt schon. Aber oft kommt mir das schon ein bisserl übertrieben vor", meint Burkhard. Das erinnert mich an unser Pensionssystem. Auch ein wenig an die Idee von Gutmann, Altersheime wie „Ü60-Party-Bauernhöfe" zu betreiben. Da wird gerade über etwas gesprochen, was nicht nur den Bäumen, sondern vor allem den Menschen zur Ehre gereichen würde.

Schließlich führt das Gespräch zu jenem Pater, der damals im Stift Zwettl nicht zurechtkam. Jener Pater, von dem Gutmann den Gruß „Halleluja" übernommen hat. Die Überraschung ist groß, als Gutmann erfährt, dass dieser Zwettler Pater ein guter Freund von Pater Martin ist. Nachdem er das Kloster verließ, verliebte er sich. In ein paar Wochen wird er heiraten. Ein schöneres Beispiel dafür, wie fruchtbar und sinnvoll es sein kann, ein System zu verlassen, in dem sich jemand nicht mehr wohlfühlt, gibt es wohl nicht.

Der Altabt Burkhard Ellegast hat Gutmann noch ein Exemplar seines Buches „Der Weg des Raben" geschenkt. Sie wissen schon: jenes mit dem Arbeitstitel „Mach es anders". Wir sitzen im Weinkeller und plaudern. Pater Martin und Johannes Gutmann haben sich gefunden – denke ich mir. Und blättere noch einmal in Burkhards Buch, überfliege das Inhaltsverzeichnis und lese: „Wie zwei Suchende eine Freundschaft fanden". Schön. Andere Überschriften lauten: „Wohin geht der Weg?" Gute Frage. „Ein Stein in der Mitte". Kommt man an diesem Stein irgendwie vorbei? „Offensein für neue Wege". Ja, eh. „Im Hinhören auf Gott und die Menschen findet Benedikt seinen Weg". Schon die Kapitel Burkhards erzählen mehr, als wir täglich in den Zeitungen lesen. „Benedikt blieb ein Lernender und blieb doch derselbe Mensch". Das möchte ich auch noch hinkriegen. Irgendwie. „Benedikt muss lernen – bis an sein Lebensende". Wenn schon die ganz Gescheiten wie Benedikt ein Leben lang lernen mussten, oje. Da mache ich mir ernsthaft Sorgen, wenn ich mich in meinem beruflichen Alltag so umsehe. „Der ganze Mensch ist wesentlich". Merkt euch das! „Jeder Mensch ist eine ganz bestimmte Persönlichkeit". Versucht bitte, diese Persönlichkeit zu sehen – und nicht zuzuschütten. „Das rechte Maß". Das kommt leider so in unserer Gesellschaft überhaupt nicht mehr vor. „Die ständige Arbeit an sich selbst". Schwierig. Wir haben ja genug mit all den anderen zu tun. Wäre ich auf Facebook, ich würde schauen, ob ich wieder mal eine Pseudo-Freundschaftsanfrage gekriegt habe. „Menschliches Leben verlangt immer wieder Entscheidungen". Aber geh – bitte lass jemand anders entscheiden. Wozu gibt es denn unser System, in dem wir wie die Maden im Speck leben? „Die Gabe der Unterscheidung (discretio)". Ja. Die hätten wir alle gern. „Klöster sind Orte der Sinn-

172

findung". Stimmt. In so einem sitze ich soeben. Und fühle mich gerade ziemlich frei – von allem.

Pater Martin und Johannes Gutmann sind immer noch ins Gespräch vertieft. Ich schaue kurz zum Altabt Burkhard Ellegast rüber – zu jenem Mann, von dem Paulo Coelho behauptet, er sei sein spiritueller Mentor. Und von dem der Altabt sagt: „Der mag mich halt." Ich sehe ihn an, wie er offenbar kurz nachdenkt – über alles. Und womöglich gerade innerlich schmunzelt: „Das war ja eh schon alles immer so. Was habt ihr denn – ihr jungen Leute?"

Und ich denke mir jetzt auch noch: Der Johannes Gutmann ist ja auch so ein kleiner Benedikt. Ohne es zu wissen. Einer, der sich abmüht für die Menschen. Er hätte auch alles anders machen können. Tat er nicht. Weil er es nicht anders machen konnte. Das taten ohnehin all die anderen in diesem System. Jetzt steht diese Firma da. In Sprögnitz. Und jetzt steht auf einmal auch Gutmanns Idee im Raum: Die Idee, es anders zu machen. Einen anderen Weg zu gehen. Weil dieser Weg gangbar ist. Gutmann hat es bewiesen. Und es steht jedem frei, einen ähnlichen, selbstbestimmten Weg zu gehen – auch Ihnen.

„Wie bist du auf das Sammeln dieser alten Gegenstände gekommen?", fragt jetzt Pater Martin seinen Gast Johannes Gutmann. „Das hab' ich immer schon gehabt. Als Kind bin ich rauf in den Dachboden und hab' das angeschaut. Dann habe ich meinen Vater gefragt, wofür das benutzt worden ist." – „Wie bei mir", antwortet Pater Martin und wiederholt noch mal mit sanfter Stimme: „Genau wie bei mir." Jedes Ding kann für etwas gut sein – einigt man sich. „Allein schon die Vorstellung, was mit diesen alten Sachen alles bewerkstelligt wurde. Das fasziniert mich", sagt Martin. „Wie viele Stunden damit gearbeitet wurde? Was daraus entstand? Welche Werte daraus entstanden?" Ein paar Stunden später ist es so weit: Pater Martin öffnet seine Schatzkammer. Die schwere Eisentür geht auf – so wie vor ein paar Monaten die Tür zu einer Stadtruine in Zwettl aufgegangen ist. Gutmann macht große Augen.

„Halle-, Halle-, Halleluja", entfährt es ihm. Ein riesiger Keller tut sich da auf. Voll mit Dingen, die nützlich waren – und einfach weggeworfen wurden. „Ich habe auch einen Leiterwagen", sagt Pater Martin. Gutmann streichelt über das alte Holz. „Sie haben gerade begonnen, ihn zusammenzuschneiden. Wir haben nur ‚Stopp' geschrien", fügt Pater Martin hinzu.

Man muss wirklich nicht alles verheizen, was gerade nicht gebraucht wird – denke ich mir in dieser Schatzkammer, die Zeugnis ablegt vom Respekt vor der früheren bäuerlichen Arbeit im Jahreskreis. Hier und heute – immer noch. Das Zeugnis einer Kultur, in der nicht alles jederzeit und überall gleichzeitig verfügbar war. Ich glaube auch, dass die Menschen damals glücklicher waren. Und ich weiß seit heute, dass „gut anders geht". Ich weiß aber auch, dass die Menschen immer mehr glauben, als sie wissen. Und ich glaube daran, dass es dieser Glaube ist, der die Menschheit vorwärts treibt.

Ich riskiere nach ein paar Tagen – am 6. Januar 2013 – wieder mal einen Blick in den Newsticker meiner Zeitung: „Bregenz: Mann ohne Gedächtnis identifiziert." Sie hätten auch „Melk" in die Ortsangabe einfügen können – denke ich. Aber nur ganz kurz. Denn kurz darauf … Eingeschlafen.

Umschlag und Ideen:
kratkys.net

PHILOSOPHIE UND LEIDENSCHAFT

Ecowin wurde 2003 als unabhängiger Verlag gegründet.

Wir konzentrieren uns auf spannende Autoren,
die zu spannenden Themen und Entwicklungen unserer
Welt einen Beitrag leisten.

Die Vielfalt der Meinungen sowie der Diskurs unter den
Autoren und innerhalb des Verlags sind uns viel wichtiger
als das Vertreten nur einer Denkweise.

Wir investieren in langfristige Beziehungen mit unseren
Autoren, Herstellern und Buchhändlern.

Bis heute haben wir weder Verlagsförderung beantragt
noch erhalten.

Als österreichischer Verlag produzieren wir von Beginn an
ausschließlich umweltfreundlich* in Österreich.

Nichts ist für uns spannender als das nächste neue Buch.

HANNES STEINER
VERLEGER

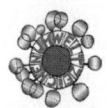

*Wir freuen uns, dass die Druckerei Theiss unsere Bücher nach den Richtlinien des österreichischen
Umweltzeichens herstellt. Sowohl die Materialien als auch die Produktion entsprechen dem hohen
österreichischen Umweltstandard.